COLLECTION
FOLIO/ESSAIS

Sigmund Freud

Nouvelles conférences d'introduction à la psychanalyse

*Traduit de l'allemand
par Rose-Marie Zeitlin*

Gallimard

Titre original :

NEUE FOLGE DER VORLESUNGEN ZUR EINFÜHRUNG
IN DIE PSYCHOANALYSE, 1933
INDICE BIBLIOGRAPHIE : 1933a

© *Imago Publishing Co., Ltd, London, 1940.*
Par autorisation de S. Fischer Verlag, GmbH, Francfort-sur-le-Main.
© *Éditions Gallimard, 1984, pour la traduction française et les notes.*

Note *liminaire*

Éditions allemandes :

1933, *Neue Folge der Vorlesungen zur Einführung in die Psychoanalyse,* Vienne, Internationaler Psychoanalytischer Verlag, 255 pages.
1934, *idem,* Vienne, Gesammelte Schriften, tome 12, p. 149-345.
1940, *idem,* Londres, Gesammelte Werke, tome 15, iv + 207 pages.
1969, *idem,* Francfort, Studienausgabe, tome 1, p. 447-608.

Traduction française :

1936, *Nouvelles conférences sur la psychanalyse,* trad. de l'allemand par Anne Berman, Paris, Gallimard, coll. Psychologie, 250 pages.
1952, *idem,* Paris, Gallimard, coll. Les Essais, n° 57.
1971, *idem,* Paris, Gallimard, coll. Idées, n° 247.

Traduction anglaise :

1964, *New Introductory Lectures on Psycho-Analysis,* trad. de l'allemand par James Strachey, Londres, The Hogarth

Press, Standard Edition of the Complete Psychological Works of Sigmund Freud, tome 22, p. 1-182.

Au printemps de 1932, le Psychoanalytischer Verlag de Vienne se trouvait dans une situation financière extrêmement critique. Freud eut alors l'idée de compléter ses *Conférences d'introduction à la psychanalyse* par une nouvelle série de conférences. Fin mai, la première et la dernière étaient écrites ; l'œuvre était achevée à la fin du mois d'août. Le livre fut mis en vente le 6 décembre, soit un mois avant la date de parution indiquée.

La traduction littérale du titre de Freud est : *Nouvelle suite des conférences d'introduction à la psychanalyse.*

PRÉFACE

Les Conférences d'introduction à la psychanalyse *ont été tenues au cours des deux semestres d'hiver 1915-1916 et 1916-1917 dans un amphithéâtre de la clinique psychiatrique de Vienne, devant un public mêlé d'auditeurs de toutes les facultés. La première moitié des conférences fut improvisée et transcrite immédiatement après; celles de la seconde moitié furent conçues au cours d'un séjour d'été à Salzbourg, en 1916, et prononcées telles quelles l'hiver suivant. Je possédais encore, à l'époque, le don d'une mémoire phonographique.*

À la différence des précédentes, ces nouvelles conférences n'ont jamais été prononcées. Mon âge m'avait dispensé entretemps de l'obligation d'exprimer mon appartenance — ne serait-ce que périphérique — à l'université, en donnant des conférences, et une opération chirurgicale m'avait rendu impossible l'activité d'orateur. Ce n'est donc que par un artifice de l'imagination que je me transporte, au cours des développements qui suivent, encore une fois dans un amphi-

---

* Les numéros en marge sont ceux des pages des *Gesammelte Werke*, tome XV.

Toutes les notes appelées par des lettres sont des notes de traduction.

théâtre ; il m'aidera peut-être, lorsque j'approfondirai mon sujet, à ne pas oublier les égards que je dois au lecteur.

Ces nouvelles conférences ne prétendent aucunement remplacer les précédentes. Elles ne constituent absolument rien d'autonome qui pourrait s'attendre à trouver son propre cercle de lecteurs ; elles ne sont que suites et compléments qui se décomposent en trois groupes d'après leurs relations avec les précédentes. Un premier groupe comprend des remaniements de sujets qui ont déjà été traités il y a quinze ans mais qui, par suite de l'approfondissement de nos connaissances et de la modification de nos conceptions demandent aujourd'hui une autre exposition, par conséquent, des révisions critiques. Les deux autres groupes comprennent les prolongements proprement dits, dans la mesure où ils traitent des choses qui, ou bien n'existaient pas encore dans la psychanalyse à l'époque des premières conférences, ou bien étaient encore trop peu attestées à l'époque pour justifier une tête de chapitre particulière. On ne saurait éviter, mais il n'y a pas lieu non plus de le regretter, que certaines des nouvelles conférences réunissent en elles les caractères d'un groupe et de l'autre.

La subordination de ces nouvelles conférences aux « Conférences d'introduction » s'exprime aussi par le fait qu'elles en poursuivent la numérotation. La première du présent volume est désignée comme étant la vingt-neuvième. Encore une fois, elles n'offrent que peu de choses nouvelles à l'analyste professionnel et s'adressent à cette grande masse des personnes cultivées auxquelles on aimerait attribuer un intérêt bienveillant, même s'il est réservé, pour le caractère particulier et les acquisitions de notre jeune science. Cette fois aussi, mon intention directrice a été de ne rien sacrifier à l'apparence qu'il s'agirait là de quelque chose de simple, complet et achevé, de ne pas dissimuler les problèmes, de ne pas nier lacunes et incertitudes. Dans aucun autre domaine scientifique on n'aurait besoin de se faire gloire de telles résolutions de modestie et d'objectivité. Elles passent partout pour aller de soi, le public ne s'attend pas à autre chose. Aucun lecteur d'un exposé d'astronomie ne se sentira déçu et supérieur à cette science si on lui montre les limites où notre connaissance de l'univers s'évanouit dans les brumes. Ce n'est qu'en psychologie qu'il en va différemment; c'est ici que l'inaptitude constitutionnelle de l'homme à la recherche scientifique apparaît dans toute son étendue. On semble demander à la psychologie non pas des progrès dans le savoir mais on ne sait quelles autres satisfactions : on lui fait un reproche de chaque problème non résolu, de chaque incertitude reconnue.

Quiconque aime la science de la vie psychique devra aussi prendre son parti de ces injustices.

Vienne, été 1932

FREUD

XXIXe CONFÉRENCE

RÉVISION
DE LA THÉORIE DU RÊVE

Mesdames, Messieurs, si je vous ai convoqués à nouveau, après une interruption de plus de quinze ans, pour examiner avec vous ce que cette période intermédiaire a apporté de nouveau et peut-être aussi de mieux dans la psychanalyse, il est, de plus d'un point de vue, juste et raisonnable que nous portions d'abord notre attention sur l'état actuel de la théorie du rêve. Celle-ci occupe une place particulière dans l'histoire de la psychanalyse, elle marque un tournant; c'est avec elle que l'analyse a franchi le pas menant d'un procédé psychothérapeutique à une psychologie des profondeurs. Aussi la théorie du rêve est-elle demeurée depuis lors ce qu'il y a de plus caractéristique et de plus singulier dans la jeune science, quelque chose qui n'a pas de contrepartie dans le reste de notre savoir, une portion de terre nouvelle, gagnée sur la croyance populaire et la mystique. L'étrangeté des affirmations qu'elle a dû avancer lui a conféré le rôle d'un *schibboleth,* dont l'application décidait qui pouvait devenir un adepte de la psychanalyse et à qui elle resterait définitivement incompréhensible. Pour moi-même elle a constitué un point d'appui solide dans les temps difficiles où les états de fait encore inconnus des névroses avaient coutume de déconcerter mon jugement inexpérimenté. Bien que j'aie souvent douté du bien-fondé de mes connaissances chancelantes, chaque fois que j'avais réussi à transposer un rêve confus et dénué de sens en un processus psychique correct et compréhensible chez le rêveur, la confiance que j'avais d'être sur la bonne voie s'en trouvait renouvelée.

Il y a donc pour nous un intérêt particulier à suivre précisément à partir du cas de la théorie du rêve, d'une part les modifications que la psychanalyse a subies dans cet intervalle, d'autre part les progrès qu'elle a faits pendant ce temps dans la compréhension et l'estime des contemporains. Je vous dis tout de suite franchement que vous serez déçus d'un côté comme de l'autre.

Feuilletez avec moi les recueils annuels de l'*Internationale Zeitschrift für (ärztliche) Psychoanalyse*, « Revue internationale de psychanalyse (médicale) », où sont réunis depuis 1913 les travaux qui font autorité dans notre domaine. Vous trouverez, dans les premiers volumes, une rubrique permanente « Au sujet de l'interprétation du rêve » avec de riches contributions aux différents points de la théorie du rêve. Mais plus vous avancez, plus ces contributions se font rares, et la rubrique permanente finit par disparaître complètement. Les analystes font comme s'ils n'avaient plus rien à dire sur le rêve, comme si la théorie du rêve était achevée. Si vous me demandez cependant ce qu'ont retiré de l'interprétation du rêve des personnes plus éloignées [de nos milieux], les nombreux psychiatres et psychothérapeutes qui font bouillir leur petite soupe à notre feu — sans d'ailleurs nous être particulièrement reconnaissants de notre hospitalité —, les gens prétendument cultivés, qui ont coutume de s'approprier les résultats spectaculaires de la science, les littérateurs et le grand public, alors la réponse est peu satisfaisante. Quelques formules sont devenues généralement connues, avec, parmi elles, certaines que nous n'avons jamais avancées, telle la thèse que tous les rêves seraient de nature sexuelle ; en revanche ce sont précisément des choses aussi importantes que la distinction fondamentale entre contenu manifeste du rêve et pensées latentes du rêve, la reconnaissance que les rêves d'angoisse ne contredisent pas la fonction d'accomplissement de désir qui appartient au rêve, l'impossibilité d'interpréter le rêve si l'on ne dispose pas des associations du rêveur qui s'y rapportent, et surtout la conscience que l'essentiel dans le rêve est le processus du travail du rêve, tout cela semble encore à peu près aussi étranger à la conscience générale qu'il y a trente ans. Il m'est permis de parler de la sorte car au cours de cette période j'ai reçu un nombre considérable de lettres dont les auteurs proposent leurs rêves à l'interprétation ou demandent des renseignements sur la nature du rêve, en prétendant qu'ils ont lu l'*Interprétation du rêve* alors que chacune de leurs phrases trahit leur incompréhension de notre théorie du rêve. Mais cela ne doit pas nous empêcher d'exposer encore une fois de façon cohérente ce que nous savons du rêve. Vous vous souvenez que la dernière fois nous avons consacré un bon nombre de conférences à montrer comment on est parvenu à comprendre ce phénomène psychique jusqu'alors inexpliqué.

Si donc quelqu'un, par exemple un patient en analyse, nous rapporte un de ses rêves, nous supposons qu'il nous fait ainsi une des communications auxquelles il s'était engagé en entrant en traitement psychanalytique. Une communication par des moyens certes inappropriés car le rêve n'est pas, en soi, une manifestation sociale, un moyen de communication. D'ailleurs, nous ne comprenons pas non plus ce que le rêveur a voulu nous dire, et lui-même ne le sait pas mieux. Alors il nous faut très vite prendre une décision : ou bien le rêve est, comme nous l'assurent les médecins non analystes, un signe que le rêveur a mal dormi, que toutes les parties de son cerveau ne se sont pas également reposées, que certaines aires voulaient continuer à travailler sous l'influence d'excitations inconnues et qu'elles n'ont pu le faire que de façon très imparfaite. S'il en est ainsi, nous ferons bien de ne pas nous occuper davantage du produit psychiquement sans valeur de la perturbation nocturne. Car que pourrions-nous attendre de son examen qui soit utilisable pour nos desseins ? Ou bien alors... mais nous constatons que nous avons, d'emblée, pris une autre décision. Nous avons – très arbitrairement, il faut l'admettre – émis l'hypothèse, posé le postulat que ce rêve incompréhensible devait, lui aussi, être un acte psychique à part entière, plein de sens et de valeur, que nous pouvions utiliser dans l'analyse comme une autre communication. Avons-nous raison ? seul le succès de la tentative pourra le montrer. Si nous parvenons à transformer le rêve en une telle expression pleine de valeur, nous aurons évidemment des chances d'apprendre du nouveau, d'obtenir des communications d'un genre tel qu'elles nous seraient autrement restées inaccessibles.

Mais voici que se dressent devant nous les difficultés de notre tâche et les énigmes de notre sujet. Comment nous y prendrons-nous pour transformer le rêve en ce genre de communication normale, et comment expliquerons-nous le fait qu'une partie des déclarations du patient ait adopté cette forme aussi incompréhensible pour lui que pour nous ?

Vous voyez, Mesdames, Messieurs, que j'emprunte cette fois non pas la voie d'un exposé génétique mais celle d'un exposé dogmatique. Notre premier pas consistera à arrêter notre nouvelle attitude vis-à-vis du problème du rêve, par l'introduction de deux nouvelles notions, de deux nouveaux noms. Nous appellerons ce que l'on nommait le rêve, le texte du rêve ou le rêve *manifeste,* et ce que nous cherchons, ce que nous supposons pour ainsi dire derrière le rêve, les pensées *latentes* du rêve. Nous pouvons alors énoncer les deux tâches qui nous incombent de la manière suivante : nous devons transformer le rêve manifeste en rêve latent et indiquer comment, dans la vie psychique du rêveur, le second est devenu le premier. La première partie est une tâche pratique, elle est du ressort de l'*interprétation du rêve,* elle nécessite une technique; la seconde est une tâche théorique, elle doit expliquer le processus présumé du *travail du rêve* et ne peut être qu'une théorie. Toutes deux, *technique* de l'interprétation du rêve et *théorie* du travail du rêve, doivent être créées de toutes pièces.

Par quelle partie devons-nous à présent commencer? À mon avis, par la *technique de l'interprétation du rêve* : elle prendra une forme plus plastique et produira sur vous une impression plus vive.

Supposons donc que le patient a raconté un rêve que nous devons interpréter. Nous avons écouté calmement, sans mettre à son propos notre réflexion en mouvement. Qu'allons-nous faire d'abord? Nous décidons de nous soucier le moins possible de ce que nous avons entendu, du *rêve manifeste.* Naturellement ce *rêve manifeste* présente toutes sortes de caractères qui ne nous sont pas totalement indifférents. Il peut être cohérent, d'une composition aisée, comme une œuvre littéraire, ou bien d'une confusion qui le rend inintelligible, presque comme un délire, il peut contenir des éléments absurdes ou des mots d'esprit et des conclusions apparemment spirituelles, il peut apparaître au rêveur clair et net ou bien obscur et estompé; ses images peuvent manifester toute la force sensorielle des perceptions ou être fantomatiques comme un souffle indistinct; les caractères les plus différents peuvent se trouver réunis dans le même rêve, répartis en différents endroits; le rêve peut enfin présenter une tonalité affective indifférente ou être accompagné des émotions heureuses ou pénibles les plus fortes. N'allez pas croire que nous ne prêtons pas attention à cette diversité infinie du rêve manifeste; nous y reviendrons par la suite et nous y trouverons beaucoup de choses utilisables pour l'interprétation, mais dans un premier temps nous en faisons abstraction et empruntons la voie principale qui mène à l'interprétation du rêve. C'est-à-dire que nous demandons au rêveur de se dégager lui aussi de l'impression du rêve manifeste, de détacher son attention de l'ensemble pour la diriger sur les différentes parties du contenu du rêve et de nous communiquer pour chacune de ces parties successivement ce qui lui vient à l'esprit, les associations qui se présentent à lui, quand il les envisage séparément.

Voilà, n'est-il pas vrai, une technique singulière, qui n'est pas la manière habituelle de traiter une communication ou une déclaration? Vous devinez aussi, certainement, que derrière ce procédé se cachent des hypothèses qui n'ont pas encore été formulées. Mais poursuivons. Dans quelle succession faisons-nous examiner par notre patient les différentes parties de son rêve? Plusieurs voies s'ouvrent ici à nous. Nous pouvons tout simplement suivre l'ordre chronologique, tel qu'il s'est présenté lors du récit du rêve. C'est, pourrait-on dire, la méthode la plus stricte, la méthode classique. Ou alors nous pouvons inviter le rêveur à rechercher tout d'abord les *restes diurnes* apparus dans son rêve, car l'expérience nous a appris que dans presque chaque rêve s'est introduite une trace mnésique ou une allusion à un incident du jour du rêve, souvent même à plusieurs, et si nous suivons ces points de départ nous trouverons souvent d'un seul coup la transition qui conduit du *monde du rêve,* apparemment très éloigné, à la vie réelle du patient. Ou bien encore nous lui demandons de commencer par des éléments du contenu du rêve qui le frappent par leur netteté particulière et par leur force sensorielle. Nous savons en effet qu'avec ceux-ci, il lui sera particulièrement facile d'avoir des associations. Il est indifférent que l'on aborde les associations recherchées de l'une ou de l'autre manière.

Ensuite nous obtenons ces associations. Elles apportent les choses les plus variées : des souvenirs du jour précédent, du jour du rêve, et d'époques depuis longtemps révolues, des réflexions, des discussions avec des arguments pour ou contre, des aveux et des questions. Pour plusieurs d'entre elles, le patient se contente de les laisser jaillir ; devant d'autres, il s'arrête un moment. La plupart signalent une nette relation avec un élément du rêve ; ce qui n'a rien d'étonnant puisqu'elles procèdent elles-mêmes de ces éléments ; mais il arrive aussi que le patient les introduise par ces mots : « Cela semble n'avoir absolument rien à faire avec le rêve, je le dis parce que cela me vient à l'esprit. »

Si l'on écoute bien cette profusion d'idées subites [a],

---

a. *Einfälle.* Nous traduisons toujours *Einfall* par « idée subite », « idée qui vient ». Chaque fois qu'il rencontrera ces mots, le lecteur devra donc y reconnaître l'*Einfall*.

on a tôt fait de remarquer qu'elles ont plus de choses en commun avec le contenu du rêve que les seuls points de départ. Elles jettent une lumière surprenante sur toutes les parties du rêve, comblent les lacunes qui les séparent, rendent compréhensibles leurs étranges assemblages. Enfin, il nous faut tirer au clair le rapport existant entre elles et le contenu du rêve. Le rêve apparaît comme un condensé abrégé des associations, établi, il est vrai, d'après des règles que nous n'avons pas encore percées à jour, et ses éléments apparaissent comme les représentants d'une foule désignés par élection. Il ne fait pas de doute que par notre technique nous avons obtenu ce qui est remplacé par le rêve et ce en quoi doit être cherchée la valeur psychique du rêve mais ne montre plus les particularités déroutantes du rêve, son étrangeté, sa confusion.

Mais qu'il n'y ait pas de malentendu! Les associations à propos du rêve ne sont pas encore les pensées latentes du rêve. Celles-ci sont contenues dans les associations comme dans une eau mère, sans y être quand même contenues dans leur totalité. D'un côté, les associations nous apportent beaucoup plus que ce dont nous avons besoin pour formuler les pensées latentes du rêve, à savoir tous les développements, les transitions, les relations que l'intellect du patient a dû produire sur la voie qui le rapprochait des pensées du rêve. D'autre part l'association a souvent précisément fait halte devant les pensées du rêve proprement dites, elle s'en est uniquement approchée, les a uniquement touchées dans les allusions. Nous intervenons alors de notre propre chef, complétons les allusions, tirons des conclusions irréfutables, formulons ce que le patient n'a fait qu'effleurer dans ses associations. Ceci pourrait donner l'impression que nous laissons notre esprit et notre bon plaisir jouer avec le matériel que le rêveur met à notre disposition et que nous en abusons pour mettre par interprétation dans ses propos ce qui ne saurait s'y interpréter; il n'est pas non plus facile de démontrer la légitimité de notre démarche dans le cadre d'un exposé abstrait. Mais vous n'avez qu'à faire vous-mêmes une analyse de rêve ou étudier de façon approfondie un exemple bien décrit de notre littérature et vous pourrez vous convaincre de la manière contraignante dont se déroule un tel travail d'interprétation.

Si, dans l'interprétation du rêve, nous dépendons généralement et en premier lieu des associations du rêveur, il existe pourtant certains éléments du contenu du rêve vis-à-vis desquels nous nous conduisons de façon tout à fait indépendante, surtout parce que nous y sommes obligés, car pour eux, en règle générale, les associations font défaut. Nous avons remarqué de bonne heure que ce sont toujours aux mêmes contenus que cela s'applique; ils ne sont pas très nombreux et l'expérience accumulée nous a enseigné qu'ils doivent être conçus et interprétés comme des *symboles* de quelque chose d'autre. Par comparaison avec les autres éléments du rêve, on peut leur attribuer une signification constante, mais qui n'est pas nécessairement univoque, et dont l'étendue est déterminée par des règles particulières, qui nous sont habituelles. Comme nous savons traduire ces symboles, mais que le rêveur ne le sait pas, bien qu'il les ait lui-même utilisés, il peut arriver que le sens d'un rêve soit immédiatement clair pour nous, avant tout effort d'interprétation, à la simple audition du texte du rêve, alors que le rêveur lui-même se trouve encore devant une énigme.

Mais sur la symbolique [a] — ce que nous en savons, les problèmes qu'elle nous pose — j'ai déjà dit tant de choses dans les conférences précédentes que je n'ai pas besoin de me répéter aujourd'hui.

Telle est donc notre méthode d'interprétation du rêve. La première question, justifiée, est la suivante : peut-on, grâce à elle, interpréter tous les rêves? Et la réponse est : non, pas tous, mais tout de même un assez grand nombre pour que nous soyons assurés de l'applicabilité et de la légitimité de la méthode. Mais pourquoi pas tous? La nouvelle réponse à cette question a quelque chose d'important à nous apprendre, et qui nous introduit déjà dans les conditions psychiques de la formation du rêve : parce que le travail d'interprétation du rêve s'effectue contre une résistance qui varie en grandeur de l'insignifiant à l'insurmontable — du moins pour les moyens d'action dont nous disposons actuellement. On ne peut pas ne pas remarquer pendant le travail les manifestations de cette résistance. En maints endroits les associations sont données sans hésitation et la première ou la deuxième idée qui vient au patient apporte déjà l'élucidation. À d'autres, le patient s'arrête et hésite avant de formuler une association et alors on doit souvent écouter une longue chaîne d'idées subites avant d'obtenir quelque chose d'utilisable pour la compréhension du rêve. Plus la chaîne d'associations est longue et pleine de détours, plus la résistance est grande, pensons-nous, certainement à juste titre. Dans l'oubli des rêves aussi, nous sentons

---

a. *Symbolik*. On peut hésiter pour la traduction de ce mot entre « le symbolisme » et « la symbolique ». Il nous a semblé que « symbolique », théorie des symboles, rendait le mieux la pensée de Freud. Nous traduirons toujours *Symbolik* par « la symbolique ». Freud n'utilise que le mot *Symbolik*.

la même influence. Car il arrive bien souvent que le patient, malgré tous ses efforts, n'arrive plus à se souvenir d'un de ses rêves. Mais après que, dans un bout de travail analytique, nous avons éliminé une difficulté qui dérangeait le patient dans son rapport à l'analyse, le rêve resurgit soudain. Deux autres remarques ont aussi leur place ici. Il arrive très souvent qu'une partie d'un rêve soit d'abord omise, pour être rajoutée ensuite comme additif. Ceci doit être compris comme une tentative d'oublier cette partie-là. L'expérience montre que cette partie précisément est la plus importante; nous supposons qu'à sa communication s'opposait une résistance plus forte que pour les autres. En outre, nous voyons souvent que le rêveur essaie de s'opposer à l'oubli de ses rêves en les fixant par écrit immédiatement après le réveil. Nous pouvons lui dire que c'est inutile, car la résistance contre laquelle il a gagné la conservation du texte du rêve, se déplace alors sur l'association et rend le rêve manifeste inaccessible à l'interprétation. Dans ces conditions, nous ne saurions nous étonner qu'un nouvel accroissement de la résistance réprime absolument les associations et fasse échouer l'interprétation du rêve.

De tout cela, nous tirons la conclusion que la résistance que nous remarquons lors du travail sur l'interprétation du rêve doit aussi avoir sa part dans la constitution du rêve. On peut carrément distinguer des rêves qui se sont constitués sous une pression minime et d'autres qui se sont constitués sous une pression élevée de la résistance. Mais cette pression change aussi, à l'intérieur du même rêve, d'un endroit à l'autre; c'est elle qui est responsable des lacunes, des obscurités, des confusions qui peuvent interrompre la cohérence du plus beau rêve.

Mais qu'est-ce donc qui oppose ici une résistance, et

à quoi? Eh bien, la résistance est pour nous l'indice certain d'un conflit. Il faut qu'il y ait ici une force qui veut exprimer quelque chose et une autre qui répugne à admettre cette manifestation. Ce qui se constitue ensuite comme rêve manifeste peut résumer toutes les décisions dans lesquelles s'est condensé ce combat entre les deux tendances. À un certain endroit, il se peut qu'une des deux forces ait réussi à imposer ce qu'elle voulait dire, tandis qu'à d'autres c'est l'instance contraire qui est parvenue à effacer totalement la communication projetée ou à la remplacer par quelque chose qui n'en trahit plus aucune trace. Les cas les plus courants et les plus caractéristiques de formation du rêve sont ceux où le conflit a abouti à un compromis, de telle sorte que l'instance communicative a certes pu dire ce qu'elle voulait, non pas cependant comme elle le voulait, mais d'une manière atténuée, déformée et rendue méconnaissable. Si donc le rêve ne restitue pas fidèlement les pensées du rêve, s'il faut un travail d'interprétation pour franchir le fossé qui les sépare, c'est là un succès de l'instance contraire, inhibante, restrictive, que nous avons inférée de la perception de la résistance lors de l'interprétation du rêve. Aussi longtemps que nous avons étudié le rêve comme un phénomène isolé, indépendant de formations psychiques qui lui sont apparentées, nous avons appelé cette instance le *censeur du rêve*.

Vous savez depuis longtemps que cette censure n'est pas un dispositif particulier à la vie du rêve. Que le conflit de deux instances psychiques que nous désignons – de manière imprécise – comme le refoulé inconscient et le conscient commande d'une façon générale toute notre vie psychique et que la résistance à l'interprétation du rêve, indice de la censure du rêve, n'est rien d'autre que la résistance de refoulement par laquelle ces deux instances sont séparées. Vous savez aussi que, du conflit de ces dernières, résultent, dans certaines conditions, d'autres formations psychiques, qui sont, tout comme le rêve, le résultat de compromis, et vous n'exigerez pas de moi que je répète ici devant vous tout ce qui est contenu dans l'introduction à la théorie des névroses [a], pour vous exposer ce que nous savons des conditions de telles formations de compromis. Vous avez compris que le rêve est un produit pathologique, le premier maillon de la chaîne qui comprend le symptôme hystérique, l'obsession, l'idée délirante mais se distingue des autres par son caractère fugitif et sa constitution dans des circonstances qui appartiennent à la vie normale. Car, ne l'oublions pas, la vie du rêve est, comme l'a déjà dit Aristote, la manière dont notre âme travaille pendant l'état de sommeil. L'état de sommeil nous fait nous détourner du monde extérieur réel et ainsi est donnée la condition qui convient au déploiement d'une psychose. L'étude la plus attentive des psychoses graves ne nous fera découvrir aucun trait qui soit plus caractéristique de cet état pathologique. Mais dans la psychose, le fait de se détourner de la réalité est provoqué de deux façons différentes, ou bien lorsque le refoulé inconscient devient trop fort, de telle sorte qu'il terrasse le conscient attaché à la réalité, ou bien parce que la réalité est devenue si intolérablement douloureuse que le moi menacé se jette, en une révolte désespérée, dans les bras du pulsionnel inconscient. L'inoffensive psychose du rêve est la conséquence d'un retrait consciemment voulu et seulement

---

a. Cf. la troisième partie des *Conférences d'introduction à la psychanalyse*.

temporaire du monde extérieur, elle disparaît aussi dès qu'il y a reprise des relations avec celui-ci. Pendant l'isolement du dormeur il se produit aussi une modification dans la répartition de son énergie psychique; une partie de la dépense de refoulement requise autrement pour réprimer l'inconscient peut être économisée, car même si ce dernier utilise sa libération relative pour devenir actif, il trouve néanmoins le chemin de la motilité fermé, et libre uniquement le chemin inoffensif de la satisfaction hallucinatoire. Un rêve peut donc maintenant se constituer; mais le fait de la censure du rêve montre qu'il subsiste encore assez de résistance de refoulement, même pendant le sommeil.

Ici se présente à nous un moyen de répondre à la question de savoir si le rêve a aussi une fonction, s'il est chargé d'un travail utile. Le repos sans stimulations que voudrait instaurer l'état de sommeil est menacé de trois côtés : de manière plutôt fortuite par des stimulations extérieures pendant le sommeil et par des intérêts diurnes qui ne se laissent pas interrompre, de manière inévitable, par les motions pulsionnelles refoulées inassouvies qui guettent une occasion de se manifester. Par suite de l'abaissement nocturne des refoulements il pourrait y avoir un danger que le repos du sommeil fût troublé chaque fois que l'incitation externe ou interne peut parvenir à une combinaison avec une des sources pulsionnelles inconscientes. Le processus du rêve fait déboucher le produit d'une telle collaboration en un vécu hallucinatoire inoffensif et assure ainsi la poursuite du sommeil. Le fait que le rêve réveille parfois le dormeur sous l'effet d'un développement d'angoisse n'est pas en contradiction avec cette fonction, mais c'est un signal que le veilleur estime la situation trop dangereuse et ne croit plus pouvoir la maîtriser. Il n'est pas rare alors que nous percevions encore dans le sommeil un apaisement qui est destiné à éviter le réveil : « Mais ce n'est qu'un rêve! »

Voilà, Mesdames, Messieurs, ce que je voulais vous dire sur l'interprétation du rêve dont la tâche consiste à conduire du rêve manifeste aux pensées latentes du rêve. Si on y est parvenu, l'intérêt porté au rêve disparaît le plus souvent dans l'analyse pratique. On insère la communication, qu'on a obtenue sous la forme d'un rêve, parmi les autres et on poursuit l'analyse. Mais nous trouvons un intérêt à nous attarder plus longtemps sur le rêve; nous avons envie d'étudier le processus par lequel les pensées latentes du rêve ont été transformées en rêve manifeste. Nous l'appelons le travail du rêve. Vous vous souvenez que je l'ai décrit dans les conférences précédentes [a] d'une façon si détaillée que je peux me limiter, dans le survol d'aujourd'hui, aux résumés les plus succincts.

Le processus du travail du rêve est donc quelque chose d'entièrement nouveau et d'étrange dont auparavant nous ne connaissions pas d'équivalent. C'est lui qui nous a permis de jeter le premier regard dans les processus qui se déroulent dans le système inconscient et qui nous a montré qu'ils sont entièrement différents de ce que nous connaissons de notre pensée consciente, qu'ils apparaîtraient nécessairement à cette dernière comme inouïs et défectueux. La portée de ces trouvailles a encore été accrue par la découverte qu'au cours de la formation des symptômes névrotiques, les mécanismes à l'œuvre – nous n'osons dire : les processus de pensée – sont les mêmes que ceux qui ont transformé les pensées latentes du rêve en rêve manifeste.

---

a. Cf. *Conférences d'introduction*, XI.

Dans ce qui suit je ne pourrai éviter une manière schématique de présenter les choses. Supposons que, dans un cas précis, nous considérions l'ensemble de toutes les pensées latentes, plus ou moins chargées d'affectivité, par lesquelles s'est remplacé le rêve manifeste, une fois achevée l'interprétation du rêve. Nous sommes alors frappés par la différence qui les sépare et cette différence va nous mener loin. Presque toutes ces pensées du rêve sont reconnues ou admises [a] par le rêveur; il concède qu'il a pensé ainsi, cette fois ou une autre, ou qu'il aurait pu penser ainsi. Il n'y en a qu'une qu'il se refuse à accepter; elle lui est étrangère et peut-être même lui répugne; il se peut qu'il l'écarte de lui avec une excitation passionnée. Il nous apparaît alors clairement que les autres pensées sont des parties d'une pensée consciente, ou plus correctement: préconsciente; elles auraient pu être pensées aussi dans la vie éveillée et elles se sont aussi vraisemblablement formées pendant la journée. Cette seule pensée – ou plus exactement cette motion –, déniée, est un enfant de la nuit; elle appartient à l'inconscient du rêveur, et c'est pour cette raison qu'elle est déniée et rejetée [b] par lui. Elle a dû attendre le relâchement nocturne du refoulement pour accéder à une forme d'expression quelconque. Et cette expression est, en tout cas, affaiblie, déformée, travestie; sans le travail de l'interprétation du rêve, nous ne l'aurions pas trouvée. C'est grâce à sa combinaison avec les autres pensées, non compromettantes, du rêve, que cette motion inconsciente a l'occasion de se faufiler, sous un travestissement insignifiant, à travers la barrière de la censure; d'autre part, c'est à cette même combinaison que

---

a. *Erkannt oder anerkannt.*
b. *Verleugnet und verworfen.*

les pensées préconscientes du rêve doivent le pouvoir de préoccuper la vie psychique aussi pendant le sommeil. Car il ne subsiste pour nous aucun doute à ce sujet : c'est cette motion inconsciente qui est le véritable créateur du rêve, c'est elle qui fournit l'énergie psychique nécessaire à sa formation. Comme toute autre motion pulsionnelle, elle ne peut aspirer à rien d'autre qu'à sa propre satisfaction et notre expérience en matière d'interprétation du rêve nous montre aussi que c'est là le sens de toute activité du rêve. Dans tout rêve un désir pulsionnel doit être figuré comme étant comblé. La coupure nocturne entre la vie psychique et la réalité, la régression ainsi rendue possible à des mécanismes primitifs permettent que cette satisfaction pulsionnelle désirée soit vécue de manière hallucinatoire, comme présente. Par suite de la même régression, des représentations sont transposées, dans le rêve, en images visuelles; les pensées latentes du rêve sont ainsi dramatisées et illustrées.

De cette portion du travail du rêve nous obtenons des informations sur quelques-uns des caractères les plus frappants et les plus particuliers du rêve. L'introduction : le désir de dormir, le fait de se détourner délibérément du monde extérieur. D'où il résulte deux conséquences pour l'appareil psychique; d'abord la possibilité que des modes de fonctionnement plus anciens et plus primitifs puissent resurgir en lui, c'est la régression; deuxièmement la diminution de la résistance de refoulement qui pèse sur l'inconscient. De ce dernier facteur découle la possibilité de la formation du rêve qui est utilisée par les occasions qui se présentent, les stimulations externes et internes mises en mouvement. Le rêve qui se constitue ainsi est déjà une formation de compromis; il a une double fonction, d'une part il est conforme au moi dans la mesure où, par la liquidation des stimulations qui perturbent le sommeil, il sert le désir de sommeil, d'autre part il permet à une motion pulsionnelle refoulée la satisfaction rendue possible dans ces conditions sous la forme d'un accomplissement de désir halluciné. Cependant, tout le processus de la formation du rêve, permis par le moi qui dort, est subordonné à la censure, qui est exercée par le reste du refoulement maintenu. Je ne peux décrire le processus plus simplement, il n'est pas plus simple. Mais je peux maintenant continuer à décrire le travail du rêve.

Revenons, encore une fois, aux pensées latentes du rêve. Leur élément le plus fort est la motion pulsionnelle refoulée qui, en s'étayant sur des stimulations présentes par hasard et en se transférant sur les restes diurnes, s'est créé en elles une expression, atténuée il est vrai, et travestie. Comme toute motion pulsionnelle, celle-ci exerce aussi une poussée pour se satisfaire par l'action mais le chemin qui mène à la motilité lui est barré par les dispositifs physiologiques de l'état de sommeil; elle est contrainte d'emprunter la direction rétrograde vers la perception et de se contenter d'une satisfaction hallucinée. Les pensées latentes du rêve sont donc transposées en une série d'images sensorielles et de scènes visuelles. C'est de cette façon que se produit pour elles ce qui nous apparaît si nouveau et si étrange. Tous les moyens linguistiques par lesquels nous exprimons les relations subtiles de la pensée, les conjonctions et les prépositions, les modifications de la déclinaison et de la conjugaison disparaissent ici parce que les moyens de les représenter manquent; comme dans une langue primitive sans grammaire seul le matériel brut de la pensée est exprimé, l'abstrait est ramené au concret qui est à sa base. Ce qui subsiste alors peut facilement apparaître incohérent. Si l'exposé de certains objets et processus par des symboles qui sont devenus étrangers à la pensée consciente est abondamment employé, cela correspond aussi bien à la régression archaïque qui s'opère dans l'appareil psychique qu'aux exigences de la censure. Mais d'autres changements entrepris sur des éléments des pensées du rêve vont encore bien plus loin. Certains d'entre eux, où peut se découvrir un point de contact quelconque, sont *condensés* en de nouvelles unités. Lors de la transposition des pensées en images, c'est sans équivoque à celles qui permettent un tel assemblage, une telle condensation, qu'est donnée la préférence; comme si était à l'œuvre, ici, une force qui soumette le matériel à une compression, une concentration. Par suite de la condensation un élément du rêve manifeste peut alors correspondre à de nombreux éléments des pensées latentes du rêve; mais, inversement, un élément des pensées du rêve peut aussi être représenté [a] par plusieurs images dans le rêve.

Plus curieux encore est l'autre processus du *déplacement* ou transfert d'accent qui n'est connu dans la pensée consciente que comme erreur de raisonnement ou moyen de faire un mot d'esprit. En effet les diverses représentations des pensées du rêve ne sont pas toutes équivalentes, elles sont investies de quanta d'affect de grandeur différente et estimées en conséquence par le jugement comme plus ou moins importantes et dignes d'intérêt. Dans le travail du rêve ces représentations sont séparées des affects qui leur étaient attachés; les affects sont

---

a. *Vertreten*. Chaque fois que « représenter » traduit *vertreten* (représenter au sens d'occuper la place de...) nous l'indiquerons. Dans tous les autres cas, « représenter » traduit *darstellen* (représenter au sens de figurer).

liquidés de leur côté, ils peuvent être déplacés sur autre chose, être conservés, subir des métamorphoses, ne pas apparaître du tout dans le rêve. L'importance des représentations dépouillées de l'affect réapparaît dans le rêve en tant que force sensorielle des images du rêve, mais nous remarquons que cet accent est passé d'éléments importants à des éléments indifférents, de sorte que, dans le rêve, ce qui ne jouait qu'un rôle secondaire dans les pensées du rêve semble être passé au premier plan, en tant que chose principale, et qu'inversement, l'essentiel des pensées du rêve ne trouve dans le rêve qu'un mode d'exposition accessoire, peu clair. Aucune autre partie du travail du rêve ne contribue autant à rendre le rêve étrange et incompréhensible pour le rêveur. Le déplacement est le moyen principal de la *déformation du rêve* que doivent subir les pensées du rêve sous l'influence de la censure.

Après que ces influences se sont exercées sur les pensées du rêve, celui-ci est presque achevé. Il s'y ajoute encore un facteur assez inconstant, ce qu'on appelle l'élaboration secondaire, une fois que le rêve a surgi en tant qu'objet de perception devant la conscience. Nous le traitons alors comme nous avons l'habitude de traiter, en général, les contenus de nos perceptions, nous cherchons à combler les lacunes, à introduire des connexions et nous nous exposons ainsi bien souvent à de grossiers malentendus. Mais cette activité en quelque sorte rationalisante qui, dans le meilleur des cas, dote le rêve d'une façade lisse qui ne peut convenir à son contenu réel, peut aussi être omise ou ne se manifester que de façon très modeste – et le rêve étale alors ouvertement toutes ses fissures et ses crevasses. D'autre part, il ne faut pas oublier que le travail du rêve, lui aussi, ne procède pas toujours avec une énergie égale, bien souvent il se limite à certaines parties des pensées du rêve et d'autres peuvent apparaître dans le rêve sans être modifiées. Cela donne alors l'impression qu'on a effectué, dans le rêve, les opérations intellectuelles les plus subtiles et les plus compliquées, qu'on a spéculé, fait des mots d'esprit, pris des décisions, résolu des problèmes, alors que tout cela n'est que le résultat de notre activité mentale normale et a pu se produire aussi bien le jour précédant le rêve que pendant la nuit, que cela n'a rien à voir avec le travail du rêve et ne fait rien apparaître qui soit caractéristique du rêve. Il n'est pas superflu non plus de souligner encore une fois l'opposition qui existe, à l'intérieur même des pensées du rêve, entre la motion pulsionnelle inconsciente et les restes diurnes. Alors que ces derniers présentent toute la diversité de nos actes psychiques, la première, qui est le véritable moteur de la formation du rêve, aboutit régulièrement à un accomplissement de désir.

Tout cela, j'aurais déjà pu vous le dire il y a quinze ans et je crois même vous l'avoir réellement dit alors. Il s'agit maintenant de rassembler tout ce qui a pu venir s'ajouter entre-temps, en fait de modifications et de nouvelles connaissances.

Je crains, je vous l'ai déjà dit, que vous ne trouviez que c'est bien peu et que vous ne compreniez pas pourquoi je vous ai imposé d'écouter deux fois la même chose, en m'imposant à moi-même de me répéter. Mais quinze ans ont passé entre-temps et c'est de cette façon que j'espère rétablir le plus aisément le contact avec vous. Ce sont aussi des choses si élémentaires, d'une importance si essentielle pour la compréhension de la psychanalyse qu'on peut bien les écouter une seconde fois, et le fait qu'elles soient restées à ce point les mêmes après quinze ans est déjà intéressant en soi.

23   Vous trouverez naturellement dans la littérature de cette période un grand nombre de confirmations et d'exposés de détail dont j'ai l'intention de ne vous donner que des échantillons. Je pourrai aussi, à cette occasion, signaler après coup un certain nombre de choses qui étaient déjà connues à cette époque. Cela concerne surtout la symbolique dans le rêve et les autres modes de figuration du rêve. Sachez donc qu'il y a très peu de temps, les médecins d'une université américaine se sont refusé à accorder à la psychanalyse le caractère d'une science sous prétexte qu'elle ne permettait pas de preuves expérimentales. Ils auraient pu soulever la même objection contre l'astronomie; car l'expérimentation avec les corps célestes est particulièrement difficile. On reste réduit à l'observation. Néanmoins des chercheurs viennois ont justement commencé à confirmer expérimentalement notre symbolique du rêve. Un certain Dr Schrötter a déjà trouvé, en 1912, que si on donne l'ordre à des personnes profondément hypnotisées de rêver de processus sexuels, le matériel sexuel, dans le rêve ainsi provoqué, apparaît remplacé par les symboles que nous connaissons. Par exemple : on ordonne à une femme de rêver de relations sexuelles avec une amie. Dans son rêve cette amie apparaît avec *un sac de voyage,* sur lequel est collé une étiquette : « Uniquement pour dames ». Plus impressionnantes encore sont les expériences de Betlheim et Hartmann, en 1924, qui ont travaillé avec des malades souffrant de ce qu'on appelle la confusion de Korsakoff. Ils leur ont raconté des histoires au contenu grossièrement sexuel et ont prêté attention aux déformations qui survenaient lors de la reproduction qu'ils exigeaient de ce

qui avait été raconté. Alors apparurent encore une fois les symboles qui nous sont familiers des organes sexuels et des relations sexuelles, entre autres le symbole de l'escalier, dont les auteurs disent avec raison qu'il aurait été inaccessible à un désir de déformation conscient.

H. Silberer a montré, dans une série d'expériences très intéressantes, qu'on peut surprendre le travail du rêve pour ainsi dire en flagrant délit de transposition des pensées abstraites en images visuelles. Lorsque, dans des états de fatigue et d'envie invincible de dormir, il voulait se forcer à un travail intellectuel, la pensée lui échappait souvent et à sa place apparaissait une vision qui était manifestement son substitut.

Un simple exemple : « Je pense, dit Silberer, que j'ai l'intention d'améliorer dans un exposé un passage raboteux. Vision : je me vois en train de polir au rabot un morceau de bois. » Lors de ces expériences, il arrivait souvent que ce ne fût pas la pensée attendant d'être élaborée mais son propre état subjectif pendant cet effort qui devînt le contenu de la vision, ce qui se rapportait à la situation au lieu de ce qui se rapportait à l'objet, ce que Silberer a désigné du nom de « phénomène fonctionnel ». Un exemple vous montrera tout de suite de quoi il s'agit. L'auteur s'efforce de confronter les opinions de deux philosophes sur un certain problème. Mais dans sa somnolence, l'une des deux ne cesse de lui échapper et enfin il a une vision : il demande un renseignement à un secrétaire grincheux qui, penché sur son bureau, ne fait d'abord pas attention à lui puis le regarde de mauvaise grâce et d'un air de refus. Cela s'explique vraisemblablement par les conditions mêmes de l'expérience. Le fait que la vision ainsi obtenue de force soit si souvent le résultat d'une auto-observation s'explique vraisemblablement par les conditions mêmes de l'expérience.

Restons-en encore aux symboles. Il y en avait que nous croyions avoir reconnus et chez lesquels nous dérangeait cependant le fait que nous ne pouvions pas indiquer comment *ce* symbole en était venu à *cette* signification. Dans ces cas-là, des confirmations venues d'ailleurs, de la linguistique, du folklore, de la mythologie, du rituel, devaient nous être particulièrement bienvenues. Le symbole du manteau était un exemple de ce genre. Nous avions dit que, dans le rêve d'une femme, le manteau signifie un homme. J'espère donc que vous noterez avec l'intérêt qu'il mérite le fait que Th. Reik nous rapporte en 1920 : « Dans l'antique rituel nuptial des Bédouins, le marié recouvre la mariée d'un manteau spécial appelé " aba ", en prononçant les mots consacrés : " À l'avenir personne d'autre ne devra te recouvrir que moi " » (d'après Robert Eisler, *Weltenmantel und Himmelszelt,* « Manteau du monde et voûte céleste »). Nous avons aussi découvert plusieurs symboles nouveaux, dont je veux vous rapporter au moins deux exemples. D'après Abraham (1922) l'araignée est, dans le rêve, un symbole de la mère, mais de la mère phallique, qu'on redoute, de sorte que la peur de l'araignée exprime la terreur de l'inceste avec la mère et l'effroi devant les organes génitaux féminins. Vous savez peut-être que l'image mythologique de la tête de Méduse doit être ramenée au même motif de l'angoisse de castration. L'autre symbole dont je veux parler est celui du pont. Ferenczi l'a élucidé en 1921-1922. Il signifie à l'origine le membre viril, qui relie le couple parental lors des relations sexuelles, mais il évolue ensuite vers de nouvelles significations, qui dérivent de la première. Dans la mesure où c'est au membre viril qu'on doit d'être sorti du liquide amniotique pour venir au monde, le pont devient le passage de l'au-delà (l'état où on n'est pas encore né, le corps maternel) à ce monde (la vie), et comme l'être humain se représente la mort aussi comme un retour au corps maternel (à l'eau), le pont prend aussi la signification d'un voyage vers la mort et enfin, plus loin encore de son sens initial, il marque, d'une façon générale, un passage, un changement d'état. C'est donc en accord avec cela qu'une femme qui n'a pas surmonté le désir d'être un homme rêve si souvent de ponts, qui sont trop courts pour atteindre l'autre rive.

Dans le contenu manifeste des rêves surviennent bien souvent des images et des situations qui rappellent des motifs connus des contes, légendes et mythes. L'interprétation de tels rêves jette alors une lumière sur les intérêts originaires qui ont créé ces motifs sans que nous devions, bien sûr, oublier, ce faisant, le changement de sens qui a pu affecter ce matériel au cours des temps. Notre travail d'interprétation dévoile pour ainsi dire la matière première qu'on peut appeler bien souvent sexuelle, au sens le plus large du terme, mais qui, lors d'une élaboration ultérieure, a trouvé les utilisations les plus diverses. Ce genre de dérivations nous attire d'habitude le courroux de tous les chercheurs de tendance non analytique, comme si nous voulions dénier ou estimer sans valeur tous les développements ultérieurs qui se sont superposés à cela. Il n'en reste pas moins que de telles découvertes sont instructives et intéressantes. Il en va de même pour la déduction de certains motifs à partir de l'art plastique, lorsque par exemple, J. Eisler (1919), se basant sur les indications fournies par les rêves de ses patients, donne une interprétation analytique du jeune homme jouant avec un petit garçon qui est représenté dans l'Hermès de Praxitèle. Un mot encore : je ne peux m'abstenir de mentionner combien il est fréquent que des thèmes mythologiques trouvent leur explication précisément par l'interprétation des rêves. C'est ainsi, par exemple, que dans la légende du labyrinthe, on peut reconnaître la figuration d'une naissance anale : les chemins entrelacés sont l'intestin, le fil d'Ariane le cordon ombilical.

Les modes de figuration du travail du rêve, matière pleine d'attrait et presque inépuisable, nous sont devenus, par une étude minutieuse, de plus en plus familiers; je veux également vous en donner quelques échantillons. Ainsi, par exemple, le rêve figure la relation de fréquence par la multiplication de choses semblables. Écoutez l'étrange rêve d'une jeune fille : elle pénètre dans une grande salle et y trouve une personne assise sur une chaise, reproduite six fois, huit fois, plus souvent encore, mais qui, à chaque fois, est son père. Cela est facile à comprendre lorsqu'on apprend, par les circonstances accessoires de l'interprétation, que cette salle représente le corps maternel [a]. Le rêve prend alors la même valeur que le fantasme – qui nous est familier – de la jeune fille qui prétend avoir déjà rencontré son père lors de sa vie intra-utérine, lorsque, pendant la grossesse, il rendait visite au corps de la mère [a]. Le fait que quelque chose soit inversé dans le rêve, que la pénétration du père soit déplacée sur la propre personne [de la rêveuse] ne doit pas nous induire en erreur; il a aussi, par ailleurs, son sens particulier. La multiplication de la personne du père peut seulement exprimer que l'événement en question

---

[a]. *Mutterleib*, litt. corps de la mère en tant que lieu où se développe l'embryon, matrice, sein maternel.

s'est produit à plusieurs reprises. En fait il nous faut reconnaître que le rêve ne prend pas beaucoup de liberté en exprimant la *fréquence* par la *multiplicité*. Il n'a fait que remonter à l'acception première du mot qui signifie aujourd'hui pour nous une répétition dans le temps mais qui est dérivé d'une accumulation dans l'espace[a]. Mais c'est d'une façon générale que le travail du rêve transforme, quand c'est possible, des relations temporelles en relations spatiales et les figure en tant que telles. On voit par ex. dans le rêve une scène entre des individus qui semblent très petits et fort éloignés comme si on les observait par le mauvais côté des jumelles de théâtre. La petitesse comme l'éloignement dans l'espace signifient ici la même chose, c'est l'éloignement dans le temps qu'on veut exprimer, il faut comprendre que c'est une scène qui remonte à un passé très reculé. De plus, vous vous souvenez peut-être que dans les conférences précédentes je vous ai déjà dit, et montré sur des exemples, que nous avions aussi appris à utiliser pour l'interprétation des traits purement formels du rêve manifeste, appris par conséquent à les transposer en contenu provenant des pensées latentes du rêve. Par ailleurs vous savez déjà que tous les rêves d'une nuit font partie d'un même contexte. Mais il n'est pas indifférent de savoir si ces rêves apparaissent au rêveur comme quelque chose de continu ou bien s'il les décompose en plusieurs parties et en combien. Le nombre de ces parties correspond souvent à tout autant de centres séparés de la formation des pensées dans les pensées latentes du rêve ou bien à des courants luttant les uns contre les autres dans la vie

---

a. *Häufigkeit* (traduit ci-dessus par fréquence) et *Häufung* (traduit ci-dessus par multiplicité) dérivent tous deux de *Haufen*, le tas.

psychique du rêveur, courants dont chacun trouve, dans une certaine partie du rêve, une expression prédominante bien que non exclusive. Un court rêve préliminaire et un long rêve principal se trouvent souvent, l'un par rapport à l'autre, dans une relation de condition à exécution, ce dont vous pouvez trouver un exemple très clair dans les anciennes conférences [a]. Un rêve que le rêveur qualifie d'« intercalé » d'une manière ou d'une autre, correspond réellement à une proposition subordonnée dans les pensées du rêve. Franz Alexander (1925) a montré, dans une étude sur les couples de rêves, qu'il n'est pas rare que deux rêves d'une même nuit se partagent la réalisation de la tâche du rêve de telle façon que, pris ensemble, ils constituent un accomplissement de désir en deux étapes, ce que ne fait pas chacun des rêves pris isolément. Si, par exemple, le désir du rêve a pour contenu un acte illicite sur une personne précise, cette personne apparaîtra sans déguisement dans le premier rêve, mais l'acte ne sera que timidement esquissé. Le deuxième rêve procédera ensuite différemment. L'acte sera nommé sans déguisement mais la personne sera rendue méconnaissable ou remplacée par quelqu'un d'indifférent. Voilà qui donne vraiment une impression de ruse. Une deuxième relation, similaire, entre les deux parties d'un couple de rêves, est que l'une des deux figures représente le châtiment et l'autre l'accomplissement du désir coupable. Donc, pour ainsi dire : lorsqu'on en accepte la punition on peut se permettre ce qui est interdit.

Je ne puis vous retenir plus longtemps sur de petites découvertes de ce genre, ni non plus sur les discussions

---

a. Cf. *Conférences d'introduction*, XII.

concernant l'utilisation de l'interprétation des rêves dans le travail analytique. Il m'est permis de supposer que vous êtes impatients d'entendre quels sont les changements qui se sont produits dans les conceptions fondamentales de l'essence et de la signification du rêve. Vous êtes déjà préparés à entendre que, justement sur ce sujet, il y a peu de chose à dire. Le point le plus contesté de toute la théorie était sans doute l'affirmation selon laquelle tous les rêves sont des accomplissements de désir. Nous avons – je puis le dire – entièrement liquidé au cours de nos précédentes conférences l'objection inévitable, sans cesse reprise par les profanes, qui rappelle l'existence de nombreux rêves d'angoisse. Avec la répartition des rêves en rêves de désir, d'angoisse et de punition, nous avons maintenu notre théorie.

Les rêves de punition sont, eux aussi, des accomplissements de désir, non des accomplissements de motions pulsionnelles cependant, mais des accomplissements de l'instance critique, de censure et de punition, dans la vie psychique. Quand nous avons devant nous un rêve de punition pur, une opération aisée nous permet de rétablir le rêve de désir dont le rêve de punition est la riposte exacte et qui a été remplacé, pour le rêve manifeste, par ce rejet. Vous savez, Mesdames et Messieurs, que c'est l'étude du rêve qui nous a, la première, aidé à comprendre les névroses. Vous trouverez également compréhensible que notre connaissance des névroses ait pu, par la suite, influencer notre conception du rêve. Comme vous allez l'apprendre [a] nous nous sommes vu dans l'obligation d'admettre dans la vie psychique une instance spéciale de critique et d'interdiction que nous appelons le surmoi.

a. Cf. *infra*, Conférence XXXI.

À partir du moment où nous reconnaissions la censure du rêve elle aussi comme une réalisation de cette instance, nous avons été amenés à observer avec plus d'attention la part prise par le surmoi dans la formation du rêve.

Contre la théorie qui fait du rêve l'accomplissement d'un désir, seules deux difficultés sérieuses se sont élevées, dont la discussion mène très loin, et n'a pas encore trouvé, il faut l'avouer, une réponse pleinement satisfaisante. La première provient du fait que des gens qui ont subi un choc, un grave traumatisme psychique – comme cela a été si souvent le cas pendant la guerre et il s'en trouve aussi à l'origine d'une hystérie traumatique – sont régulièrement ramenés par le rêve dans la situation traumatique. D'après nos hypothèses sur la fonction du rêve, cela ne devrait pas être le cas. Quelle motion de désir pourrait être satisfaite par ce retour à cet événement extrêmement pénible? Il est difficile de le deviner. Le second fait, nous le rencontrons presque quotidiennement dans le travail analytique; il ne représente pas, d'ailleurs, une objection aussi importante que le premier. Vous savez qu'une des tâches de la psychanalyse est de soulever le voile d'amnésie qui enveloppe les premières années de l'enfance et d'amener au souvenir conscient les manifestations de la vie sexuelle infantile qu'elles contiennent. Or ces premières expériences sexuelles de l'enfant sont liées à des impressions douloureuses d'angoisse, d'interdiction, de déception et de punition, on comprend qu'elles aient été refoulées mais alors on ne comprend pas qu'elles trouvent un si large accès à la vie du rêve, qu'elles fournissent le modèle de tant de fantasmes du rêve, que les rêves soient remplis de reproductions de ces scènes infantiles et d'allusions à elles. Leur caractère de déplaisir et la tendance à accomplir les désirs propre au travail

Révision de la théorie du rêve 43

du rêve semblent mal s'accorder. Mais peut-être exagérons-nous, dans ce cas, la difficulté. En effet tous les désirs pulsionnels impérissables, irréalisés, qui durant toute la vie fournissent leur énergie à la formation des rêves sont attachés à ces expériences infantiles et on peut bien les estimer capables, dans leur puissante poussée, de jeter également à la surface le matériel d'événements ressentis comme douloureux. Et d'autre part, on ne peut ignorer, dans la manière dont ce matériel est reproduit, l'effort du travail du rêve qui veut dénier le déplaisir par la déformation, qui veut transformer la déception en autorisation. Pour les névroses traumatiques c'est différent; ici les rêves débouchent régulièrement sur un développement d'angoisse. Je pense que nous ne devons pas avoir peur de reconnaître que, dans ce cas, la fonction du rêve ne remplit pas son office. Je ne veux pas invoquer la maxime selon laquelle l'exception confirme la règle; sa sagesse me paraît bien douteuse. Il est vrai, par contre, que l'exception n'abolit pas la règle. Quand on isole une opération psychique particulière, comme le rêve – dans le but de l'étudier – de l'ensemble du mécanisme, on se donne la possibilité de dévoiler les lois qui lui sont propres; quand on le réinsère dans le contexte général il faut s'attendre à trouver que ces résultats sont obscurcis ou altérés par leur collision avec d'autres forces. Nous disons que le rêve est un accomplissement de désir; si vous voulez tenir compte des dernières objections, dites au moins que le rêve *tente* d'être un accomplissement de désir. Pour quiconque sait comprendre de l'intérieur la dynamique psychique, vous n'avez alors rien dit d'autre. Dans certaines circonstances, le rêve ne peut faire triompher son dessein que d'une façon très imparfaite, ou doit même y renoncer totalement. La fixation inconsciente à un traumatisme semble être au premier rang de ces obstacles à la fonction du rêve. Alors que le dormeur doit rêver parce que la diminution nocturne du refoulement permet à la poussée de la fixation traumatique de devenir active, le fonctionnement de son travail du rêve, qui voudrait transformer les traces mnésiques de l'événement traumatique en un accomplissement de désir, est mis en échec. Dans ces circonstances il arrive alors qu'on souffre d'insomnie, qu'on renonce au sommeil par crainte [*Angst*] d'un échec de la fonction du rêve. La névrose traumatique nous montre ici un cas extrême mais il faut reconnaître aussi leur caractère traumatisant aux expériences infantiles, et il n'y a pas lieu de s'étonner si des perturbations mineures du fonctionnement du rêve se produisent également dans d'autres conditions.

XXXᵉ CONFÉRENCE

LE RÊVE ET L'OCCULTISME

Mesdames, Messieurs, nous allons emprunter aujourd'hui un chemin étroit mais qui pourra nous ouvrir de larges perspectives.

En annonçant que je vais parler de la relation du rêve avec l'occultisme je ne vous étonnerai guère. En effet, le rêve a souvent été considéré comme la porte d'accès au monde de la mystique; de nos jours encore, il passe chez beaucoup de gens pour être lui-même un phénomène occulte. Et nous aussi qui en avons fait l'objet d'un examen scientifique, nous ne contestons pas qu'un ou plusieurs fils le rattachent à ces choses obscures. La mystique, l'occultisme, que veut-on dire par ces termes? N'attendez pas de moi une tentative de cerner par des définitions ces domaines mal délimités. D'une manière générale et indéterminée, nous savons tous à quoi nous devons penser. C'est une sorte d'au-delà du monde intelligible, régi par des lois inexorables, que la science a édifié pour nous.

L'occultisme affirme l'existence réelle de ces « choses entre ciel et terre dont notre sagesse scolaire n'ose même pas rêver [a] ». Eh bien, nous ne voulons pas rester pri-

---

a. *Hamlet*, I,v.

sonniers d'une pusillanimité scolaire, nous sommes prêts à croire ce qu'on nous rendra crédible.

Nous nous proposons de procéder avec ces choses comme avec tout autre matériel de la science, d'établir tout d'abord si de tels processus sont réellement démontrables et ensuite, mais seulement ensuite, si leur caractère effectif ne peut être mis en doute, de nous efforcer de les expliquer. Mais on ne peut nier que cette décision nous est déjà rendue difficile par des facteurs intellectuels, psychologiques et historiques. Ce n'est pas le même cas que lorsque nous abordons d'autres investigations.

La difficulté intellectuelle d'abord. Permettez-moi de procéder à des exemplifications grossières, manifestes. Supposons qu'il s'agisse de la question de la constitution de l'intérieur de la Terre. C'est un fait connu que nous ne savons rien de sûr là-dessus. Nous présumons qu'il consiste en métaux lourds à l'état incandescent. Imaginons maintenant que quelqu'un vienne prétendre que l'intérieur de la Terre est de l'eau saturée d'acide carbonique, c'est-à-dire une espèce d'eau gazeuse. Nous dirons certainement que cela est très invraisemblable, que cela contredit toutes nos attentes, que cela ne tient aucun compte des points de repère de notre savoir, qui nous ont conduits à avancer l'hypothèse des métaux. Il reste, toutefois, que ce n'est pas inconcevable ; si quelqu'un nous montre la marche à suivre pour vérifier l'hypothèse de l'eau gazeuse, nous nous y engagerons sans résistance. Mais voici qu'un autre arrive et affirme sérieusement que le noyau de la Terre est constitué de marmelade! Face à cela, nous nous comporterons tout autrement. Nous nous dirons que la marmelade ne se trouve pas dans la nature, que c'est un produit de la cuisine humaine, que l'existence de cette matière suppose en outre la présence d'arbres fruitiers et de leurs fruits, et que nous ne voyons pas comment on peut transposer végétation et art culinaire humain à l'intérieur de la Terre; le résultat de ces objections intellectuelles sera un revirement de notre intérêt; au lieu d'examiner si le noyau de la Terre est réellement constitué de marmelade, nous nous demanderons quelle sorte de personne il faut être pour concevoir une telle idée et nous nous contenterons, tout au plus, de lui demander encore d'où il sait cela. Le malheureux auteur de la théorie de la marmelade sera profondément vexé et nous accusera de lui refuser, à partir d'un préjugé prétendument scientifique, de prendre en considération objectivement son affirmation. Mais cela ne lui servira à rien. Nous sentons bien que les préjugés ne sont pas toujours condamnables; qu'ils sont parfois justifiés, opportuns, pour nous épargner une dépense d'énergie inutile. Ils ne sont en effet rien d'autre que des conclusions tirées par analogie, à partir d'autres jugements bien fondés.

Une quantité d'affirmations de l'occultisme produisent sur nous un effet semblable à l'hypothèse de la marmelade, de sorte que nous nous croyons en droit de les rejeter d'emblée, sans vérification. Mais ce n'est quand même pas si simple. Une comparaison comme celle que j'ai choisie ne démontre rien, ne démontre pas plus que les comparaisons d'une façon générale. Car la question demeure de savoir si elle est appropriée, et on comprend que l'attitude de rejet méprisant a déjà déterminé son choix. Les préjugés sont parfois opportuns et justifiés mais d'autres fois erronés et nocifs, et on ne sait jamais quand ils sont l'un et quand ils sont l'autre. L'histoire des sciences elle-même abonde en incidents qui peuvent mettre en garde contre une condamnation précipitée.

Pendant longtemps on a considéré également comme une supposition absurde que les pierres que nous appelons aujourd'hui météorites soient parvenues de l'espace céleste sur la terre ou que la roche des montagnes, qui renferme des restes de coquillages, ait constitué jadis le fond de la mer. Au reste cela ne s'est pas passé de façon très différente pour notre psychanalyse, lorsqu'elle a avancé ses déductions concernant l'inconscient. Nous avons donc, nous autres analystes, des raisons particulières d'être prudents dans l'utilisation du motif intellectuel pour refuser de nouvelles hypothèses, et pourtant nous devons admettre que cela ne nous fait pas surmonter antipathies, doutes et incertitudes.

J'ai nommé psychologique le deuxième facteur. J'entends par là le penchant général des êtres humains à la crédulité et à la croyance aux miracles. Au tout premier début, quand la vie nous impose sa sévère discipline, une résistance s'éveille en nous contre l'inexorabilité et la monotonie des lois de la pensée et contre les exigences de l'épreuve de réalité. La raison devient l'ennemi qui nous prive d'une foule de possibilités de plaisir. On découvre le plaisir de se soustraire à elle au moins temporairement et de s'abandonner aux séductions de l'absurde. L'écolier se divertit en déformant les mots, l'érudit se moque de ses activités après un congrès scientifique, même un homme sérieux jouit des jeux du mot d'esprit. Une hostilité plus sérieuse à l'égard de « la raison et [de] la science, la meilleure des forces de l'homme [a] » attend son occasion ; elle se hâte de préférer le guérisseur ou le praticien naturiste au médecin « qui a fait des études » ; elle accueille les affirmations de l'occultisme aussi long-

---

a. *Faust*, I,IV.

temps que les prétendus faits qu'il relate sont tenus pour des infractions aux lois et aux règles; elle endort l'esprit critique, fausse les perceptions, obtient de force des confirmations et des accords qui ne peuvent se justifier. Quiconque prend en considération ce penchant des hommes a tout lieu de dévaloriser beaucoup de communications de la littérature occultiste.

J'ai nommé historique le troisième scrupule et je veux par là attirer votre attention sur le fait qu'il ne se passe, au fond, rien de nouveau dans le monde de l'occultisme, mais que réapparaissent en lui tous les signes, miracles, prophéties et apparitions d'esprits qui nous sont rapportés des temps anciens et dans les livres anciens et que nous croyions avoir liquidés depuis longtemps comme étant des élucubrations d'une imagination débridée ou d'une imposture tendancieuse, comme produits d'une époque où l'ignorance de l'humanité était très grande et où l'esprit scientifique était encore au berceau. Si nous admettons comme vrai ce qui, d'après les communications des occultistes, se produit encore aujourd'hui, il nous faut aussi reconnaître comme dignes de foi ces informations venues des temps anciens. Et nous nous avisons alors que les traditions et les livres sacrés des peuples débordent de ce genre d'histoires miraculeuses et que les religions s'appuient précisément pour se rendre crédibles sur ce genre d'événements extraordinaires et merveilleux et qu'elles trouvent en eux les preuves de l'action de puissances surhumaines. Il nous devient dès lors difficile de ne pas soupçonner que l'intérêt pour l'occultisme est en fait un intérêt religieux, que c'est un des motifs secrets du mouvement occultiste que de venir en aide à la religion menacée par le progrès de la pensée scientifique. Et, une fois que nous avons reconnu un tel motif, notre méfiance doit nécessairement grandir, ainsi que notre répugnance à nous embarquer dans l'examen des prétendus phénomènes occultes.

Mais, finalement, cette répugnance doit tout de même être surmontée. Il s'agit d'une question de fait : de savoir si ce que racontent les occultistes est vrai ou non. Ce point devrait bien pouvoir être tranché par l'observation. Au fond, nous devons être reconnaissants aux occultistes. Les récits miraculeux des temps anciens sont soustraits à notre vérification. Si nous estimons qu'ils ne peuvent être démontrés, il nous faut cependant reconnaître qu'ils ne peuvent être réfutés en toute rigueur. Mais sur ce qui se passe actuellement, ce à quoi nous pouvons assister, là-dessus nous devons pouvoir nous faire un jugement sûr. Si nous parvenons à la conviction que de tels miracles ne se produisent pas de nos jours, nous ne craindrons pas qu'on nous objecte qu'ils pourraient avoir eu lieu jadis. D'autres explications nous paraîtront alors bien plus plausibles. Nous nous sommes donc débarrassés de nos scrupules et sommes prêts à participer à l'observation des phénomènes occultes.

Par malheur nous rencontrons alors des circonstances qui sont extrêmement défavorables à notre honnête intention. Les observations dont notre jugement doit dépendre sont effectuées dans des conditions qui rendent incertaines nos perceptions sensorielles, émoussent notre attention; elles ont lieu dans l'obscurité ou sous une parcimonieuse lumière rouge, après de longues périodes d'attente vide. On nous dit que notre attitude incrédule, donc critique, peut empêcher à elle seule l'éclosion des phénomènes attendus. La situation ainsi créée est une véritable caricature des circonstances dans lesquelles nous avons coutume d'effectuer des examens scientifiques. Les observations sont faites sur de soi-disant médiums, des personnes à qui l'on attribue des facultés « sensitives » particulières mais qui ne se distinguent aucunement par des qualités d'esprit ou de caractère exceptionnelles, qui ne sont pas portées par une grande idée ou une intention sérieuse comme les anciens faiseurs de miracles. Au contraire, les médiums passent, même auprès de ceux qui croient à leurs forces secrètes, pour particulièrement peu sûrs, la plupart d'entre eux ont déjà été démasqués comme charlatans et nous sommes tentés de croire que c'est aussi ce qui attend les autres. Ce qu'ils réalisent donne une impression de farces d'enfants espiègles ou de tours de prestidigitation. Il n'est encore jamais rien sorti d'utilisable des séances avec ces médiums; jamais, par exemple, une nouvelle source d'énergie n'a été rendue accessible. Certes, on n'attend pas non plus une amélioration de l'élevage des pigeons du numéro du prestidigitateur qui fait sortir, par magie, des pigeons de son haut-de-forme vide. Je peux facilement me mettre à la place d'une personne qui veut satisfaire à l'exigence d'objectivité et participe, pour cette raison, à des séances d'occultisme, mais qui, fatiguée après un certain temps et rebutée par tout ce qu'on lui demande, se détourne et revient, sans avoir rien appris, à ses anciens préjugés. On pourrait reprocher à une telle personne que ce n'est pas là non plus la bonne attitude, qu'il ne faut pas prescrire, aux phénomènes qu'on veut étudier, comment ils doivent être et dans quelles conditions ils doivent se produire. Il serait plutôt indiqué de persévérer et de s'attacher aux mesures de précaution et de contrôle par lesquelles on s'efforce, ces derniers temps, de se protéger contre le peu de sûreté des médiums. Malheureusement, si nous recourons à cette technique moderne de garantie, nous cesserons d'avoir facilement accès aux observations sur l'occultisme. L'étude de l'occultisme devient une profession particulière, difficile, une activité qu'on ne peut pas exercer à côté de ses autres intérêts. Et, en attendant que les chercheurs qui s'en occupent soient parvenus à des décisions, on reste livré au doute et à ses propres suppositions. Parmi ces suppositions, la plus vraisemblable est sans doute qu'il s'agit, en ce qui concerne l'occultisme, d'un noyau réel de faits qui n'ont pas encore été reconnus, autour duquel l'imposture et l'influence de l'imagination ont tissé un cocon difficile à percer. Mais comment pouvons-nous ne serait-ce que nous approcher de ce noyau, à quel endroit pouvons-nous attaquer le problème? C'est ici, à mon avis, que le rêve nous vient en aide, en nous indiquant d'aller prendre dans tout ce fatras le thème de la télépathie.

Vous savez que nous nommons télépathie le prétendu fait selon lequel un événement qui se produit à un moment déterminé se présente, à peu près simultanément, à la conscience d'une personne éloignée dans l'espace, sans qu'interviennent en l'occurrence les moyens de communication connus de nous. La condition implicite est que cet événement concerne une personne à laquelle l'autre – le récepteur de la nouvelle – porte un fort intérêt émotionnel. Ainsi par exemple la personne A est victime d'un accident, ou bien elle meurt, et la personne B, qui lui est étroitement liée, mère, fille, ou femme aimée, l'apprend à peu près en même temps, par une perception visuelle ou auditive; dans ce dernier cas donc comme si elle avait été avertie par téléphone, ce qui n'a pourtant pas été le cas; il s'agit en quelque sorte d'un pendant psychique de la télégraphie sans fil. Je n'ai pas besoin de souligner devant vous combien de tels événements sont invraisemblables. Aussi peut-on rejeter, avec de bonnes raisons, la plupart de ces récits; il en reste quelques-uns où ce n'est pas aussi facile. Permettez-moi maintenant, dans le but de la communication que je me propose de vous faire, d'omettre le petit mot prudent de « prétendu » et de continuer comme si je croyais à la réalité objective du phénomène télépathique. Mais retenez bien que ce n'est pas le cas, que je ne me suis arrêté à aucune conviction.

J'ai, en fait, peu de choses à vous communiquer, seulement un fait insignifiant. Et, d'emblée, je vais encore limiter votre attention en vous disant qu'au fond le rêve a peu de choses à voir avec la télépathie. Car celle-ci ne jette pas une lumière nouvelle sur l'essence du rêve, pas plus que le rêve ne rend un témoignage direct sur la réalité de la télépathie. Par ailleurs, le phénomène télépathique n'est pas lié au rêve, il peut aussi se produire pendant l'état de veille. La seule raison de discuter de la relation entre rêve et télépathie réside en ceci que l'état de sommeil semble particulièrement propre à recevoir le message télépathique. On obtient alors ce qu'on appelle un rêve télépathique et on se convainc, lors de son analyse, que la nouvelle télépathique a joué le même rôle qu'un autre reste diurne et qu'à l'instar de celui-ci, elle a été modifiée par le travail du rêve et subordonnée à sa tendance.

Dans l'analyse d'un tel rêve télépathique se produit alors ce qui m'a semblé suffisamment intéressant pour le choisir, malgré son insignifiance, comme point de départ de cette conférence. Lorsque, en 1922, j'ai fait ma première communication à ce sujet [a], je ne disposais

---

a. L'article « Rêve et télépathie » (1922).

encore que d'une observation. Depuis, j'en ai fait un certain nombre de semblables mais je m'en tiens à mon premier exemple car il est le plus aisé à exposer et je vais tout de suite vous introduire *in medias res*.

Un homme manifestement intelligent, sans la moindre « teinture d'occultisme » selon ses dires, m'écrit à propos d'un rêve qui lui semble curieux. Il commence par indiquer que sa fille mariée, qui vit loin de lui, attend pour la mi-décembre son premier enfant. Cette fille lui est très proche et il sait aussi qu'elle est très tendrement attachée à lui. Et voici que, dans la nuit du 16 au 17 novembre, il rêve que sa femme a donné naissance à des jumeaux. Suivent divers détails, que je puis omettre ici et qui n'ont d'ailleurs pas pu être tous éclaircis. La femme, qui est devenue dans le rêve la mère des jumeaux, est sa deuxième femme, la belle-mère de sa fille. Il ne souhaite pas d'enfants de cette femme, à qui il dénie l'aptitude à élever des enfants de manière sensée, et à l'époque du rêve, il avait aussi depuis longtemps interrompu ses relations sexuelles avec elle. Ce qui l'incite à m'écrire n'est pas un doute au sujet de la théorie du rêve, à quoi l'aurait autorisé le contenu manifeste du rêve — car pourquoi le rêve fait-il que cette femme donne naissance à des enfants, ce qui est en pleine opposition avec ses désirs? D'après ce qu'il me rapportait il n'y avait pas non plus de raison de craindre que cet événement indésiré pût se produire. Ce qui le poussait à me rapporter ce rêve était le fait que le 18 novembre au matin il avait reçu la nouvelle télégraphique que sa fille avait accouché de jumeaux. Le télégramme avait été expédié le jour précédent, la naissance avait eu lieu dans la nuit du 16 au 17, à peu près à la même heure où il rêvait que sa femme accouchait de jumeaux. Le rêveur me demande si je tiens pour fortuite la coïncidence du rêve et de l'événement. Il n'ose appeler le rêve télépathique, car la différence entre le contenu du rêve et l'événement porte précisément sur ce qui lui semble l'essentiel : la personne de la parturiente. Mais d'une de ses remarques il ressort qu'il n'aurait pas été étonné d'avoir eu un véritable rêve télépathique. Sa fille, estime-t-il, a certainement « pensé particulièrement à lui » en cette heure difficile.

Mesdames, Messieurs, je suis sûr que vous pouvez déjà vous expliquer ce rêve et que vous comprenez aussi pourquoi je vous l'ai raconté. Voici un homme insatisfait de sa deuxième femme, il préférerait avoir une femme comme la fille qu'il a eue de ses premières noces. Ce « comme » disparaît naturellement pour l'inconscient. Et voilà que l'atteint nuitamment le message télépathique que sa fille a donné naissance à des jumeaux. Le travail du rêve s'empare de cette nouvelle, fait influer sur elle le désir inconscient qui voudrait mettre la fille à la place de la deuxième femme, et c'est ainsi que se constitue le déconcertant rêve manifeste qui voile le désir et déforme le message. Il nous faut dire que c'est seulement l'interprétation du rêve qui nous a montré que c'était un rêve télépathique, la psychanalyse a dévoilé un état de fait télépathique, que nous n'aurions pas reconnu autrement.

Mais ne vous laissez pas induire en erreur! L'interprétation du rêve n'a quand même rien affirmé sur la vérité objective du fait télépathique. Cela peut être aussi une apparence, qui se laisse expliquer d'une autre manière. Il est possible que les pensées latentes du rêve de l'homme aient été les suivantes : « C'est aujourd'hui que devrait avoir lieu l'accouchement, si ma fille s'est, comme au fond je le crois, trompée d'un mois dans ses calculs. Et la dernière fois que je l'ai vue, elle avait déjà bien l'air d'attendre des jumeaux. Et ma défunte femme aimait tant les enfants, comme elle se serait réjouie de jumeaux ! » (J'intercale ce dernier élément à partir d'associations du rêveur qui n'ont pas encore été mentionnées.) Dans ce cas, ce seraient des suppositions bien fondées du rêveur, et non un message télépathique, qui auraient été le stimulus du rêve; le résultat resterait le même. Vous voyez que cette interprétation du rêve n'a rien énoncé non plus sur le problème de savoir si on peut accorder une réalité objective à la télépathie. La question ne pourrait être tranchée que par une enquête détaillée sur toutes les circonstances de l'événement, ce qui, malheureusement, est aussi peu possible pour cet exemple que pour tous ceux que je peux tirer de mon expérience. Admettons que l'hypothèse de la télépathie donne l'explication de loin la plus simple; nous n'y gagnons cependant pas grand-chose. L'explication la plus simple n'est pas toujours la bonne, la vérité, très souvent, n'est pas simple, et avant de se décider pour une hypothèse d'une aussi grande portée, il s'agit de prendre toutes les précautions.

Nous pouvons à présent abandonner le thème « rêve et télépathie », je n'ai plus rien à vous dire là-dessus. Remarquez cependant que ce n'est pas le rêve qui a semblé nous enseigner quelque chose sur la télépathie, mais l'interprétation du rêve, le travail psychanalytique. Ainsi nous pourrons, dans ce qui suit, faire totalement abstraction du rêve, et nous allons nous consacrer à l'examen de ce que nous espérons : que l'application de la psychanalyse jette quelque lumière sur d'autres états de fait dits occultes. Il y a, par exemple, le phénomène de l'induction ou transmission de pensée [a], qui est très proche de la télépathie et qui peut, en fait, sans beaucoup forcer les choses, être assimilé à elle. Il affirme que des processus psychiques ayant leur siège dans une personne, des représentations, des états d'excitation, des volitions peuvent se transmettre à travers l'espace à une autre personne, sans utiliser les voies connues de la communication, par les paroles et les signes. Vous comprenez combien il serait curieux, et peut-être aussi important du point de vue pratique, que pareilles choses arrivent vraiment. Soit dit en passant, il est surprenant que ce soit précisément de ce phénomène qu'il est le moins question dans les anciens récits miraculeux.

Pendant le traitement psychanalytique de certains patients, j'ai eu l'impression que la pratique des diseurs de bonne aventure professionnels recèle une occasion favorable d'effectuer des observations particulièrement irréfutables sur la transmission de pensée. Ce sont des individus insignifiants ou même sans grande valeur qui se livrent à une manipulation quelconque, tirent les cartes, étudient l'écriture ou les lignes de la main, effectuent des calculs astrologiques et en même temps prédisent l'avenir à leurs visiteurs, une fois qu'ils ont montré qu'ils étaient au courant de certains aspects de leur vie, passée ou présente. Leurs clients se disent, la plupart du temps, fort satisfaits de ces exploits et ne leur en veulent pas non plus si, par la suite, les prophéties ne s'accomplissent pas. J'ai réuni plusieurs cas de ce genre, j'ai pu les étudier analytiquement et je vais vous rapporter le plus curieux de ces exemples. Malheureusement, la force démonstrative de ces communications

---

a. *Gedankenübertragung.* Littéralement : transfert de pensées.

va être diminuée par les nombreuses omissions auxquelles me contraint le devoir de discrétion du médecin. Cependant j'ai résolument évité les déformations. Écoutez donc l'histoire d'une de mes patientes qui a eu une expérience de ce genre avec un diseur de bonne aventure.

Aînée d'une ribambelle de frères et sœurs, elle avait grandi en éprouvant un très fort attachement pour son père, s'était mariée jeune et avait trouvé pleine satisfaction dans son mariage. Il ne manquait qu'une chose à son bonheur : elle était restée sans enfant et n'avait pu, par conséquent, mettre un mari qu'elle aimait pleinement à la place de son père. Alors qu'après de longues années de vaine attente elle allait se résoudre à une opération gynécologique, son mari lui révéla que c'était à lui qu'incombait la faute, que, par une maladie contractée avant le mariage, il était devenu incapable de procréer des enfants. Elle supporta mal cette déception, devint névrosée et souffrit manifestement d'angoisses de tentation. Pour l'égayer, son mari l'emmena avec lui dans un voyage d'affaires à Paris. Là, comme ils étaient assis un jour dans le hall de leur hôtel, elle remarqua un certain remue-ménage parmi les employés. Elle demanda ce qui se passait et apprit que *Monsieur le Professeur* [a] était arrivé et donnait des consultations dans tel cabinet, là-bas. Elle exprima le désir de faire aussi un essai. Son mari le lui refusa, mais, dans un moment où il ne la surveillait pas, elle se glissa dans la salle de consultation et se trouva en face du diseur de bonne aventure. Elle avait 27 ans, paraissait beaucoup plus jeune et avait enlevé son alliance. *Monsieur le Professeur* lui fit poser la main sur une tasse qui était remplie de cendre, étudia soigneusement l'empreinte, lui raconta

---

a. En français dans le texte, ainsi que ci-dessous.

ensuite toutes sortes de choses concernant les durs combats qu'elle aurait à affronter et termina par l'assurance consolante qu'elle se marierait quand même et qu'à 32 ans, elle aurait deux enfants. Lorsqu'elle me raconta cette histoire elle avait 43 ans, était gravement malade et sans aucune chance d'avoir jamais un enfant. La prophétie ne s'était donc pas accomplie, pourtant elle en parlait sans aucune amertume, mais au contraire avec une expression évidente de satisfaction, comme si elle se rappelait un souvenir réjouissant. Il était facile de constater qu'elle n'avait pas la moindre idée de ce que pouvaient signifier les deux nombres de la prophétie ni même s'ils signifiaient quelque chose.

Vous allez dire que cette histoire est stupide et incompréhensible, et me demander pourquoi je vous l'ai racontée. Je serais tout à fait de votre avis si toutefois – et c'est là le point saillant – l'analyse ne nous avait pas permis une interprétation de cette prophétie, qui produit un effet convaincant précisément parce qu'elle éclaire des détails. Les deux nombres trouvent en effet leur place dans la vie de la mère de ma patiente. Celle-ci s'était mariée tard, à 30 ans passés, et dans la famille on avait souvent relevé qu'elle s'était hâtée de rattraper le temps perdu. Ses deux premiers enfants – à commencer par notre patiente – furent mis au monde dans le plus bref intervalle possible, au cours de la même année, et à 32 ans, elle avait déjà deux enfants. Ce qu'avait dit *Monsieur le Professeur* à ma patiente signifiait donc : « Consolez-vous, vous êtes encore bien jeune. Vous aurez le même destin que votre mère qui a dû aussi attendre longtemps pour avoir des enfants, vous aurez deux enfants à 32 ans. » Or, avoir le même destin que sa mère, se substituer à elle, prendre sa place auprès du père, tel

avait été le plus fort désir de sa jeunesse, le désir dont le non-accomplissement commençait maintenant à la rendre malade. La prophétie lui promettait qu'il finirait quand même par s'accomplir; comment aurait-elle pu ressentir autre chose que de la sympathie à l'égard du prophète? Mais considérez-vous comme possible que *Monsieur le Professeur* ait été au courant des secrets de famille de sa cliente, venue là par hasard? Non, c'est impossible; d'où lui venait alors la connaissance qui le rendit capable d'exprimer le désir le plus fort et le plus secret de sa patiente en introduisant les deux nombres dans sa prophétie? Je ne vois que deux explications possibles. Ou bien l'histoire, telle qu'elle m'a été racontée, n'est pas vraie, s'est passée autrement, ou bien il faut reconnaître qu'il existe une transmission de pensée
45 comme phénomène réel. On peut certes supposer qu'après un intervalle de seize ans la patiente a tiré les deux nombres dont il s'agit de son inconscient pour les insérer dans ce souvenir. Je n'ai pas de quoi étayer cette supposition, mais je ne peux pas l'exclure et je pense que vous êtes plus préparés à croire à une telle explication qu'à la réalité de la transmission de pensée. Si vous optez pour cette dernière, n'oubliez pas que c'est à l'analyse qu'il revient d'avoir créé l'état de fait occulte, de l'avoir découvert, là où il était déformé jusqu'à devenir méconnaissable.

S'il ne s'agissait que d'*un* cas comme celui de ma patiente, on pourrait passer dessus avec un haussement d'épaules. Il ne viendrait à l'idée de personne de fonder sur une observation isolée une croyance qui représente un tournant aussi décisif. Mais croyez-moi quand je vous assure que ce n'est pas le seul cas que je connaisse d'expérience. J'ai rassemblé toute une série de prophéties de ce genre et, de toutes, j'ai retiré l'impression que le diseur de bonne aventure n'avait fait qu'exprimer les pensées des personnes qui l'interrogeaient et tout particulièrement leurs désirs secrets; qu'on était donc en droit d'analyser de telles prophéties comme s'il s'agissait des productions subjectives, des fantasmes ou des rêves de la personne concernée. Naturellement, tous les cas ne sont pas également démonstratifs, et il n'est pas possible d'exclure pour tous de la même façon des explications plus rationnelles mais, dans l'ensemble, il reste quand même un fort excédent de probabilité en faveur d'une transmission de pensée effective. L'importance du sujet justifierait que je vous présente tous mes cas, mais je ne le puis, à cause de l'étendue de l'exposé qui serait nécessaire, où, de surcroît, je manquerais forcément à la réserve que je dois observer. Je vais essayer d'apaiser ma conscience autant que possible en vous donnant encore quelques exemples.

Un jour je reçois la visite d'un jeune homme extrêmement intelligent, un étudiant qui prépare ses derniers examens de doctorat mais se trouve incapable de les passer car il se plaint d'avoir perdu tout intérêt, toute faculté de se concentrer, de ne plus même être capable d'ordonner ses souvenirs. La préhistoire de cet état de type paralytique est bientôt découverte; il est tombé malade après avoir accompli un grand effort sur lui-même. Il a une sœur, à laquelle il était attaché par un amour intense mais constamment retenu, tout comme elle était attachée à lui. Quel dommage que nous ne puissions pas nous marier, tous les deux, se confiaient-ils bien souvent l'un à l'autre. Un homme respectable tomba amoureux de cette sœur, elle répondit à son inclination mais les parents ne consentirent pas à cette union. Dans cette situation critique le couple se tourna vers le frère, qui, de son côté, ne leur refusa pas son aide. Par son intermédiaire, ils purent correspondre, et, par son influence, il réussit aussi à amener les parents à donner enfin leur consentement. À l'époque des fiançailles, cependant, il se produisit un incident dont le sens est facile à deviner. Il entreprit avec son futur beau-frère une difficile expédition en montagne, sans guide; tous deux perdirent leur chemin et coururent le risque de ne plus revenir sains et saufs. Peu de temps après le mariage de sa sœur il tomba dans cet état d'épuisement psychique.

Devenu capable de travailler grâce à l'influence de la psychanalyse, il me quitta pour se présenter à ses examens mais, après les avoir passés avec succès, il revint chez moi pour une courte période, à l'automne de la même année. Il me rendit compte alors d'une expérience curieuse qu'il avait faite avant l'été. Dans la ville où se trouvait son université, il y avait une diseuse de bonne aventure chez laquelle on se pressait. Même les princes de la maison régnante avaient l'habitude de la consulter régulièrement avant de prendre des décisions importantes. Elle travaillait d'une manière très simple. Elle se faisait indiquer la date de naissance d'une personne déterminée, ne demandait pas à savoir autre chose à son sujet, pas même son nom, puis elle consultait des livres d'astrologie, faisait de longs calculs et, finalement, prononçait une prophétie sur la personne en question. Mon patient décida de faire appel à sa science occulte pour son beau-frère. Il se rendit chez elle et lui indiqua la date exigée concernant son beau-frère. Après avoir effectué ses calculs, elle fit cette prophétie : cette personne mourra en juillet ou en août de cette année d'une intoxication par des écrevisses ou des huîtres. Et mon patient de conclure son récit par ces mots : « C'était absolument formidable! »

Je l'avais, dès le début, écouté de mauvaise grâce. Après cette exclamation je me permis cette question : « Que trouvez-vous de si formidable dans cette prophétie? Nous sommes maintenant à la fin de l'automne, votre beau-frère n'est pas mort, sinon vous me l'auriez depuis longtemps raconté. Donc, la prophétie ne s'est pas accomplie. » « Non, en effet, répliqua-t-il, mais ce qui est remarquable, c'est ceci : mon beau-frère est un amateur passionné d'écrevisses et d'huîtres et, l'été dernier, donc *avant* la visite à la diseuse de bonne aventure, il a contracté une intoxication par des huîtres, dont il a failli mourir. » Que répondre à cela? Je ne pouvais qu'être contrarié par le fait que cet homme très cultivé, qui, de plus, avait derrière lui une analyse réussie, ne perçât pas mieux à jour ce rapport. Pour ma part, plutôt que de croire qu'en se basant sur des tables astrologiques, on peut calculer la date d'une intoxication par des écrevisses ou des huîtres, je préfère supposer que mon patient n'avait toujours pas surmonté sa haine contre son rival, une haine dont le refoulement l'avait déjà fait tomber malade, et que l'astrologue avait simplement exprimé sa propre attente : on ne renonce pas à ce genre de goûts et un jour il finira bien par en périr. J'avoue que je ne vois pas d'autre explication à ce cas, sinon peut-être que mon patient se soit permis une plaisanterie à mon égard. Mais ni alors ni plus tard, il ne me donna lieu de concevoir un tel soupçon, et il semblait penser sérieusement ce qu'il disait.

Autre cas. Un jeune homme occupant une position en vue entretient une liaison avec une femme légère, liaison dans laquelle se fait jour une curieuse compulsion. De temps en temps il lui faut blesser sa maîtresse par des paroles railleuses et sarcastiques, jusqu'à ce qu'elle soit complètement désespérée. Lorsqu'il l'a mise dans cet état, il se sent soulagé, il se réconcilie avec elle et lui fait des cadeaux. Mais il voudrait maintenant se libérer d'elle, cette compulsion lui paraît étrange et inquiétante [*unheimlich*], il remarque que sa propre réputation souffre de cette liaison, il veut avoir une femme à lui, fonder une famille. Seulement, il n'arrive pas à se détacher de la femme légère par ses propres forces, il a recours pour cela à l'aide de l'analyse. Après une scène d'insultes de ce genre – alors qu'il est déjà en analyse –, il se fait écrire par elle une petite carte qu'il soumet ensuite à un graphologue. Le renseignement qu'il obtient de lui est le suivant : « C'est là l'écriture d'un être plongé dans un désespoir extrême, cette personne va certainement se tuer dans les tout prochains jours. » À vrai dire, cela ne se produit pas, la femme reste en vie, mais l'analyse parvient à relâcher les liens qui l'attachent à elle ; il quitte la femme et se tourne vers une jeune fille dont il attend qu'elle puisse devenir une bonne épouse pour lui. Peu après il fait un rêve qui ne peut être interprété que dans le sens de l'amorce d'un doute quant à la valeur de cette jeune fille. D'elle aussi, il prend un échantillon d'écriture qu'il soumet à la même autorité et il entend à partir de cette écriture un jugement qui confirme ses préoccupations. Il renonce donc à son intention d'en faire sa femme.

Pour juger les avis donnés par le graphologue, surtout le premier, il faut savoir quelque chose de l'histoire secrète de notre homme. Dans sa prime jeunesse il était – conformément à sa nature passionnée – tombé follement amoureux d'une femme jeune, mais cependant plus âgée que lui. Éconduit par elle, il fit une tentative de suicide, dont on ne peut mettre en doute l'intention sérieuse. Ce n'est que par un hasard extrême qu'il échappa à la mort et il ne se trouva rétabli qu'après une longue cure. Mais cet acte violent fit une profonde impression sur la femme aimée, elle lui accorda ses faveurs ; il devint son amant, lui resta depuis lors secrètement attaché et la servit de façon vraiment chevaleresque. Après plus de deux décennies, alors que tous deux avaient vieilli, la femme naturellement plus que lui, le besoin s'éveilla en l'homme de se détacher d'elle, de devenir libre, de mener sa propre vie, de fonder lui-même un foyer et une famille. Et, en même temps que la satiété, le besoin longtemps réprimé de se venger de sa maîtresse se leva en lui. Si, jadis, il avait voulu se tuer parce qu'elle l'avait dédaigné, il voulait à présent avoir la satisfaction de la voir chercher la mort parce qu'il l'abandonnait. Mais son amour était encore trop fort pour que ce désir pût devenir conscient en lui, et il n'était pas en mesure de faire suffisamment de mal à sa maîtresse pour la pousser à la mort. Dans cet état d'esprit, il fit de la femme légère une sorte de souffre-douleur, pour satisfaire, *in corpore vili,* sa soif de vengeance, et se permit sur elle tous les tourments dont il pouvait attendre qu'ils auraient chez elle le résultat qu'il souhaitait chez la femme aimée. Le fait que la vengeance était, en réalité, destinée à cette dernière ne se trahissait que par une circonstance : il avait fait de cette femme la complice et la conseillère de sa liaison amoureuse, au lieu de lui cacher qu'il se détachait d'elle. La malheureuse, qui était depuis longtemps déchue du rôle de celle qui donne au rôle de celle qui reçoit, souffrait sans doute davantage de ses confidences que la femme légère de sa brutalité. La compulsion dont il se plaignait relativement à cette personne substitutive – et qui l'avait poussé à l'analyse – était naturellement transférée de l'ancienne maîtresse sur elle : c'est de celle-là qu'il voulait et ne pouvait se libérer. Je ne suis pas un expert en écriture et je fais peu de cas de l'art de deviner le caractère par l'écriture, je crois encore moins à la possibilité de prédire, de cette façon, l'avenir de celui qui a écrit. Mais vous le voyez – quoi qu'on pense de la valeur de la graphologie –, il est indéniable que lorsque l'expert promit que l'auteur de l'échantillon d'écriture qui lui était soumis se tuerait dans les prochains jours, il n'avait fait, une fois de plus, que mettre en lumière un puissant désir secret de la personne venue le consulter. Quelque chose de similaire se passa ensuite pour la deuxième expertise, sauf qu'ici ce n'était pas un désir inconscient qui entrait en ligne de compte mais que les doutes et les préoccupations en germe chez le questionneur trouvaient une expression claire par la bouche du graphologue. Mon patient parvint du reste, avec l'aide de l'analyse, à faire un choix amoureux en dehors du cercle infernal où il avait été enfermé.

Mesdames, Messieurs, vous avez entendu ce que l'interprétation des rêves et la psychanalyse en général ont fait pour l'occultisme. Vous avez vu d'après des exemples que, par son application, des états de fait occultes sont mis en lumière qui, sans cela, seraient restés inexpliqués. À la question qui vous intéresse certainement le plus – si l'on peut croire à la réalité objective de ces découvertes –, la psychanalyse ne peut répondre directement mais le matériel mis au jour avec son aide donne au moins une impression favorable à l'affirmative. Cependant votre intérêt ne s'arrêtera pas là. Vous voudrez savoir à quelles conclusions autorise cet autre matériel, incomparablement plus riche, auquel la psychanalyse n'a aucune part. Mais je ne puis vous suivre dans cette direction, ce n'est plus mon domaine. La seule chose que je peux encore faire serait de vous raconter des observations qui ont au moins ce rapport avec l'analyse : elles ont été faites pendant le traitement analytique et ont peut-être aussi été rendues possibles par son influence. Je vais vous communiquer un exemple de cette sorte, celui qui m'a laissé l'impression la plus forte; je vais être très circonstancié, réclamer votre attention pour une foule de détails, tout en devant, néanmoins, omettre beaucoup de choses qui auraient beaucoup accru la force de persuasion de l'observation. C'est un exemple dans lequel la situation est claire et n'a pas besoin d'être développée par l'analyse. Mais lors de sa discussion, nous ne pourrons nous passer de l'aide de l'analyse. Cependant, je vous le dis à l'avance, même cet exemple d'une apparente transmission de pensée dans la situation analytique n'est pas à l'abri de toute objection, ne permet pas une prise de position inconditionnelle en faveur de la réalité du phénomène occulte.

Écoutez donc : un jour d'automne de l'année 1919, vers 10 h 45 du matin le Dr Forsyth, qui vient juste d'arriver de Londres, dépose une carte pour moi alors que je suis en train de travailler avec un patient. (Mon honoré collègue de l'université de Londres ne considérera sûrement pas comme une indiscrétion si je trahis ainsi qu'il s'est fait initier par moi, durant quelques mois, aux arts de la technique psychanalytique.) Je n'ai que le temps de le saluer et de lui fixer un rendez-vous pour plus tard. Le Dr Forsyth a droit à un intérêt particulier de ma part, il est le premier étranger qui vient chez moi après la coupure de la guerre, celui qui doit inaugurer une époque meilleure. Peu de temps après, à 11 heures, arrive un de mes patients. Monsieur P., un homme spirituel et aimable, entre 40 et 50 ans, qui est venu me voir autrefois parce qu'il avait des difficultés avec les femmes. Son cas ne promettait pas de succès thérapeutique ; je lui avais proposé depuis longtemps d'arrêter le traitement, mais il avait souhaité sa poursuite, manifestement parce qu'il se sentait à l'aise dans un transfert paternel bien tempéré sur moi. À cette époque l'argent ne jouait aucun rôle parce qu'il y en avait trop peu ; les heures que je passais avec lui étaient pour moi aussi un stimulant et une détente, si bien que, passant outre aux règles strictes de la pratique médicale, nous poursuivîmes le travail psychanalytique jusqu'à un terme prévu.

Ce jour-là, P. revint sur ses tentatives d'avoir des relations amoureuses avec les femmes, et mentionna une fois de plus la jeune fille pauvre, belle et piquante auprès de qui il pourrait avoir du succès si le fait qu'elle était vierge ne le faisait déjà reculer devant toute tentative sérieuse. Il avait souvent parlé d'elle, ce jour-là il raconta pour la première fois que la jeune fille, qui, naturellement, n'a pas la moindre idée des raisons véritables de son empêchement, a coutume de l'appeler *Herr von Vorsicht :* [a]. Cette information me frappe, j'ai sous la main la carte du Dr *Forsyth,* je la lui montre.

Telle est la situation. Je m'attends à ce qu'elle vous paraisse peu digne d'intérêt, mais écoutez la suite ; il se cache toutes sortes de choses là-derrière.

P. avait passé un certain nombre de ses jeunes années en Angleterre et avait conservé, pour cette raison, un

---

a. M. de la Précaution. De *die Vorsicht :* la précaution, la prudence, la circonspection.

intérêt durable pour la littérature anglaise. Il possède une riche bibliothèque anglaise, avait coutume de m'en apporter des livres, et c'est à lui que je dois d'avoir fait la connaissance d'auteurs comme Bennett et Galsworthy dont je n'avais lu jusqu'alors que peu de choses. Un jour il me prêta un roman de Galsworthy intitulé *The Man of Property* qui se déroule au sein d'une famille *Forsyte*, inventée par l'auteur. Galsworthy a été manifestement captivé lui-même par sa propre création car, dans ses récits ultérieurs, il est revenu, à plusieurs reprises, à des membres de cette famille et il a fini par rassembler toutes les œuvres qui se rapportent à elle sous le titre de *The Forsyte Saga*. Peu de jours seulement avant l'événement que j'ai raconté, P. m'avait apporté un nouveau volume de cette série. Le nom de *Forsyte* et tous les traits typiques que l'auteur voulait incorporer en lui avaient aussi joué un rôle dans mes entretiens avec P., c'était devenu un élément du langage secret qui se forme si facilement lors d'un commerce régulier entre deux personnes. Or le nom de *Forsyte* qui apparaît dans ces romans est peu différent de celui de mon visiteur *Forsyth*, pour une prononciation allemande il s'en différencie à peine, et le mot anglais possédant un sens que nous prononcerions de la même façon serait *foresight*, qui se traduit par *Voraussicht* ou *Vorsicht* (prévision ou précaution). P. avait donc effectivement reçu de ses relations personnelles le même nom que celui qui m'occupait au même moment par suite d'un événement inconnu de lui.

Voilà qui est déjà mieux. Mais je pense que nous obtiendrons une impression plus forte de ce phénomène frappant et même comme un aperçu des conditions de sa formation si nous éclairons de façon analytique deux autres associations que P. produisit au cours de la même séance.

Premièrement : un certain jour de la semaine précédente j'avais attendu en vain Monsieur P. à 11 heures et j'étais alors sorti, pour aller voir le Dr Anton von Freund dans sa pension. Je fus étonné de découvrir que Monsieur P. habitait à un autre étage de la maison qui abritait la pension. Faisant allusion à cette découverte, j'avais par la suite raconté à P. que je lui avais, pour ainsi dire, rendu une visite dans sa maison; mais je sais avec certitude que je n'ai pas cité le nom de la personne que j'allais voir à la pension. Et voici que peu de temps après avoir mentionné le *Herr von Vorsicht,* il me pose la question : « Est-ce que cette *Freud-Ottorego,* qui donne des cours d'anglais à l'université populaire, n'est pas par hasard votre fille? » Et pour la première fois au cours de nos longues relations, il fait subir à mon nom la déformation à laquelle m'ont, il est vrai, habitué autorités, administrations et typographes, il dit au lieu de *Freud* : *Freund.*

Deuxièmement : à la fin de la même séance il raconte un rêve, dont il s'est réveillé avec angoisse, un vrai cauchemar, à son avis. Il ajoute que peu de temps auparavant il a oublié le mot anglais correspondant, et qu'à quelqu'un qui le lui demandait, il a indiqué que cauchemar se disait en anglais *« a mare's nest ».* C'est naturellement une absurdité, dit-il, *« a mare's nest »* voulait dire une histoire invraisemblable, une histoire à dormir debout, car la traduction de cauchemar est *« nightmare ».* Cette idée subite semble n'avoir rien de commun avec ce qui précède sinon l'élément anglais; il me force toutefois à me souvenir d'un petit incident survenu à peu près un mois auparavant. P. était assis chez moi, dans la pièce, lorsque entra chez moi à l'improviste, après une longue séparation, un autre hôte, bien cher, de Londres, le Dʳ Ernest Jones. Je lui fis signe de passer dans l'autre pièce jusqu'à ce que j'eusse fini de parler avec P. Ce dernier cependant le reconnut immédiatement d'après sa photographie qui était accrochée dans la salle d'attente et exprima même le désir de lui être présenté. Or Jones est l'auteur d'une monographie sur le cauchemar – *« nightmare »;* je ne savais pas si P. en avait connaissance. Il évitait de lire des ouvrages psychanalytiques.

Je voudrais d'abord examiner devant vous comment on peut comprendre analytiquement la connexion des idées de P. et leur motivation. P. avait une position à peu près similaire à la mienne vis-à-vis du nom de Forsyte ou Forsyth; il signifiait la même chose pour lui, c'est d'ailleurs à lui que je devais la connaissance de ce nom. Le fait curieux était ceci qu'il avait apporté ce nom directement dans l'analyse, très peu de temps après que, par un nouvel événement (l'arrivée du médecin de Londres), il fut devenu significatif pour moi dans un autre sens. Mais peut-être le fait lui-même n'est-il pas moins intéressant, la façon dont le nom surgit dans la séance d'analyse. Il ne me dit pas, par exemple : « Voici que me vient à l'esprit le nom de Forsyth, à propos des romans que vous connaissez », mais il sut, sans aucune relation consciente avec cette source, l'entrelacer avec ses propres expériences et c'est à partir de là qu'il le fit apparaître, ce qui aurait pu arriver depuis longtemps et n'était pas encore arrivé. Mais ensuite il dit : « Je suis aussi un Forsyth, puisque la jeune fille m'appelle ainsi. » Il est difficile de ne pas noter le mélange de revendication jalouse et d'autodépréciation douloureuse qui s'exprime dans cette déclaration. On ne fera pas fausse route si on la complète à peu près comme suit : « Cela me mortifie que vos pensées s'occupent si intensivement du nouvel arrivant. Revenez donc à moi, car moi aussi je suis un *Forsyth* — mais seulement, il est vrai, un Monsieur von *Vorsicht,* comme dit la jeune fille. » Et maintenant le cours de ses pensées, suivant le fil associatif de l'élément anglais, le ramène à deux événements antérieurs qui pouvaient susciter la même jalousie : « Il y a quelques jours, vous avez fait une visite dans ma maison, mais malheureusement pas chez moi, chez un Monsieur von *« Freund »*. » Cette pensée lui fait altérer le nom de Freud en Freund [a]. Mme *Freud-Ottorego,* du programme des conférences, doit être mise à contribution parce qu'en tant que professeur d'anglais, elle fournit l'association manifeste. Vient se rattacher à cela le souvenir d'un autre visiteur, quelques semaines auparavant, dont il était certainement aussi jaloux, mais avec lequel il ne se sentait pas non plus capable de rivaliser, car le Dr Jones était capable d'écrire une étude sur le cauchemar, alors que lui-même produisait tout au plus de tels rêves. La mention qu'il fit de son erreur sur le sens de *« a mare's nest »* appartient aussi au même contexte, elle peut uniquement vouloir dire : « Je ne suis quand même pas un véritable Anglais, pas plus que je ne suis un vrai Forsyth. »

Je ne peux qualifier ses motions de jalousie ni d'inappropriées ni d'incompréhensibles. Il avait été préparé au fait que son analyse, et en même temps nos relations, prendraient fin sitôt que des élèves et des patients étrangers viendraient à nouveau à Vienne, et c'est effectivement ce qui se passa peu de temps après. Mais ce que nous

avons accompli jusqu'à présent, c'est un bout de travail
analytique, l'élucidation de trois idées subites produites
au cours de la même séance, alimentées par le même
motif; et cela n'a pas grand-chose à voir avec l'autre
question, qui est de savoir si ces idées subites peuvent
être dérivées l'une de l'autre sans transmission de pensée
ou non. Cette dernière intervient pour chacune des trois
idées et se décompose ainsi en trois questions isolées :
P. pouvait-il savoir que le Dr Forsyth venait justement
de faire sa première visite chez moi? Pouvait-il savoir
quel était le nom de la personne à qui j'avais rendu
visite dans sa maison? Savait-il que le Dr Jones avait
écrit une étude sur le cauchemar? Ou bien était-ce ma
connaissance de ces choses qui se trahissait dans les idées
qui lui venaient? C'est de la réponse donnée à ces trois
interrogations que dépendra la réponse à cette question :
mon observation autorise-t-elle une conclusion en faveur
de la transmission de pensée? Laissons, un moment
encore, la première question de côté, les deux autres sont
plus faciles à traiter. Le cas de la visite à la pension
donne, à première vue, une impression particulièrement
solide. Je suis sûr que lors de la mention rapide, sur le
ton de la plaisanterie, que je fis de ma visite dans sa
maison, je n'ai pas cité de nom; je tiens pour très
invraisemblable que P. se soit renseigné à la pension sur
le nom de la personne en question, je crois plutôt que
l'existence de celle-ci lui est restée totalement inconnue.
Mais la force démonstrative de ce cas est radicalement
ruinée par une circonstance fortuite. L'homme auquel
j'avais rendu visite dans la pension ne s'appelait pas
seulement *Freund,* il était aussi, pour nous tous, un
véritable ami. Ce fut le Dr Anton von Freund dont la
donation rendit possible la fondation de notre maison

d'édition. Sa mort prématurée comme celle de notre ami Karl Abraham quelques années plus tard furent les plus graves malheurs qui ont frappé le développement de la psychanalyse. Il se peut donc que j'aie dit alors à Monsieur P. : « J'ai rendu visite dans votre maison à un ami *(Freund)* », et avec cette possibilité disparaît l'intérêt occultiste de sa deuxième association.

L'impression produite par la troisième idée subite s'évanouit, elle aussi, rapidement. P. pouvait-il savoir que Jones avait publié une étude sur le cauchemar, alors qu'il ne lisait jamais de littérature analytique? Oui, il pouvait le savoir. Il possédait des livres de notre maison d'édition, il avait peut-être vu les titres des nouveautés annoncées sur les couvertures. Ce n'est pas démontrable, mais ce n'est pas non plus à écarter. Par cette voie, nous n'arriverons donc pas à une décision. Il me faut déplorer que mon observation souffre du même défaut que tant d'autres semblables. Elle a été consignée trop tard et a été discutée à un moment où je ne voyais plus Monsieur P. et où je ne pouvais plus lui poser de questions.

Revenons donc au premier point qui, même isolé, plaide apparemment pour le fait d'une transmission de pensée. P. pouvait-il savoir que le Dr Forsyth avait été chez moi un quart d'heure avant lui? Pouvait-il seulement savoir quelque chose de son existence ou de sa présence à Vienne? Il ne faut pas céder à la tentation de nier carrément les deux choses. Je vois malgré tout une voie qui conduit à une réponse partiellement affirmative. Je pourrais en effet avoir déclaré à Monsieur P. que j'attendais un médecin venu d'Angleterre pour l'instruire dans l'analyse, comme une première colombe après le déluge. Cela pouvait être en été 1919; le Dr Forsyth s'était mis en communication avec moi par lettres, des mois avant son arrivée. Il se peut même que j'aie cité son nom, bien que cela me paraisse très invraisemblable. Étant donné que ce nom avait une signification d'une portée différente pour P. et pour moi, un entretien, dont quelque chose me serait resté en mémoire, aurait dû se rattacher à la mention de ce nom. Néanmoins, il est possible que cela soit arrivé et que je l'aie radicalement oublié par la suite, de sorte que le « Monsieur von Vorsicht » survenant au cours de la séance d'analyse a pu me frapper comme un miracle. Quand on se considère comme un sceptique, on fait bien de douter aussi à l'occasion de son propre scepticisme. Peut-être y a-t-il chez moi aussi un penchant secret au merveilleux, qui vient ainsi au-devant de la création d'états de fait occultes.

Si une partie du merveilleux se trouve ainsi écartée, une autre partie nous attend encore, la plus difficile de toutes. Supposons que Monsieur P. ait su qu'il existait un Dr Forsyth et qu'il était attendu en automne à Vienne, comment s'expliquer qu'il en ait eu la notion précisément le jour de son arrivée et immédiatement après sa première visite ? On peut dire que c'est le hasard, c'est-à-dire qu'on laisse la chose inexpliquée – mais j'ai précisément discuté les deux autres idées subites de P. pour exclure le hasard, pour vous montrer qu'il était réellement préoccupé de pensées jalouses à propos de gens qui me rendent visite et à qui je rends visite ; ou bien on peut, pour ne pas négliger l'extrême du possible, risquer l'hypothèse que P. aurait remarqué chez moi une excitation particulière, dont je ne sais évidemment rien moi-même, et tiré d'elle sa conclusion. Ou bien Monsieur P., qui n'est en effet arrivé qu'un quart d'heure après l'Anglais, l'aurait rencontré sur la petite portion du chemin qui leur était commune, l'aurait reconnu à son apparence anglaise caractéristique et, dans son attitude constante d'attente jalouse, il aurait pensé : « Voici donc le Dʳ Forsyth, à l'arrivée duquel mon analyse doit prendre fin. Et sans doute sort-il à l'instant de chez le Professeur. » Je ne puis poursuivre plus avant ces conjectures rationalistes. On en reste à nouveau à un *non liquet*. Mais il me faut reconnaître qu'à mon sentiment la balance penche, ici aussi, en faveur de la transmission de pensée. D'ailleurs je ne suis certainement pas le seul à m'être trouvé en état de rencontrer ce genre d'événements « occultes » dans la situation analytique. Helene Deutsch a publié en 1926 des observations similaires et a étudié ce qui les conditionne à travers les relations de transfert entre patients et analystes.

Je suis persuadé que vous n'allez pas être très satisfaits de mon attitude vis-à-vis de ce problème : pas pleinement convaincus et pourtant prêts à l'être. Vous vous dites peut-être : « Voilà une fois de plus un individu qui a travaillé, sa vie durant, avec intégrité en tant que chercheur scientifique et qui, avec l'âge, devient faible d'esprit, dévot, et crédule. » Je sais qu'un certain nombre de grands noms font partie de cette série, mais moi, il ne faut pas me ranger parmi eux. En tout cas, je ne suis pas devenu dévot et, je l'espère, pas non plus crédule. Seulement, lorsque toute sa vie, on s'est tenu courbé pour éviter une collision douloureuse avec les faits, on conserve aussi avec l'âge un dos voûté qui se plie devant de nouveaux états de fait. Vous préféreriez certainement que je m'accroche à un théisme modéré et que je me montre inexorable dans le refus de tout ce qui est occulte. Mais je suis incapable de briguer votre faveur, il me faut vous exhorter à penser avec plus de bienveillance à la possibilité objective de la transmission de pensée et par là même aussi de la télépathie.

Vous n'oublierez pas que je n'ai traité ici ces problèmes que dans la mesure où on peut les aborder à partir de la psychanalyse. Lorsqu'ils se sont présentés pour la première fois dans mon champ visuel, il y a plus de dix ans, j'ai ressenti, moi aussi, l'angoisse d'une menace à l'encontre de notre *Weltanschauung* scientifique qui, au cas où des éléments de l'occultisme se révéleraient exacts, aurait dû céder la place au spiritisme ou à la mystique. Je pense différemment aujourd'hui; c'est faire preuve, à mon sens, de peu de confiance en la science que de ne pas l'estimer également capable d'accueillir et assimiler ce qui pourrait se révéler vrai dans les affirmations occultes. Et en ce qui concerne, en particulier, la transmission de pensée elle semble quasiment favoriser l'extension du mode de pensée scientifique – les adversaires disent : mécaniste – au monde mental [*das Geistige*] si difficile à saisir. Le processus télépathique consisterait en effet en ce qu'un acte psychique d'une certaine personne suscite le même acte psychique chez une autre personne. Ce qui se trouve entre ces deux actes psychiques peut aisément être un processus physique où le psychique se transpose à un bout et qui, à l'autre bout, se transpose à nouveau dans le même psychique. L'analogie avec d'autres transpositions comme lorsqu'on parle et qu'on écoute au téléphone serait alors indéniable. Et pensez à ce qui se produirait, si on pouvait se rendre maître de cet équivalent physique de l'acte psychique! Je serais tenté de dire qu'en insérant l'inconscient entre le physique et ce qu'on appelait jusqu'alors « psychique », la psychanalyse nous a préparés à admettre des phénomènes comme la télépathie. Une fois qu'on s'est habitué à l'idée de télépathie, on peut en tirer beaucoup de choses, pour l'instant, il est vrai, uniquement en imagination. C'est un fait que nous ignorons comment se constitue la volonté générale dans les grands États d'insectes. Il est possible que cela se passe au moyen d'une transmission psychique directe de ce genre. On est conduit à l'hypothèse que tel est le mode originel, archaïque, de communication entre les individus, mode qui se trouve repoussé, au cours de l'évolution phylogénétique, par une méthode meilleure, la communication à l'aide de signes reçus par les organes des sens. Mais la méthode plus ancienne pourrait subsister à l'arrière-plan et s'imposer encore dans certaines conditions, par exemple dans des masses en état d'excitation passionnée. Tout ceci est encore incertain et plein d'énigmes non résolues, mais ce n'est pas une raison pour avoir peur.

S'il existe une télépathie en tant que processus réel, on peut supposer, bien que la démonstration soit difficile, qu'elle constitue un phénomène très fréquent. Nous devrions nous attendre à pouvoir la déceler précisément dans la vie psychique de l'enfant. Souvenons-nous de cette fréquente représentation d'angoisse des enfants : que leurs parents connaissent toutes leurs pensées, sans qu'ils leur en aient fait part, pendant parfait et peut-être source de la croyance des adultes en l'omniscience de Dieu. Il y a peu de temps, une femme digne de confiance, Dorothy Burlingham, a communiqué, dans une étude intitulée : « L'analyse des enfants et la mère », des observations qui, si elles se confirment, devront mettre fin aux doutes qui subsistent quant à la réalité de la transmission de pensée. Elle s'est servie de la situation – qui n'est plus rare – où la mère et l'enfant se trouvent simultanément en analyse et en rapporte des incidents curieux comme celui-ci : un jour la mère parle, pendant sa séance d'analyse, d'une pièce d'or qui joue un rôle déterminé dans une scène de son enfance. Immédiatement après, alors qu'elle est de retour à la maison, son garçon âgé d'environ dix ans entre dans sa chambre et lui apporte une pièce d'or, qu'il lui demande de conserver pour lui. Elle s'informe avec étonnement d'où il la tient. Il l'a reçue pour son anniversaire, mais son anniversaire remonte à plusieurs mois, et il n'y a pas de raison que l'enfant se soit précisément souvenu à ce moment de la pièce d'or. La mère informe l'analyste de l'enfant de cette coïncidence et la prie de rechercher chez l'enfant la motivation de cet acte. Mais l'analyse de l'enfant n'apporte pas d'éclaircissement, l'action avait fait intrusion ce jour-là dans la vie de l'enfant comme un corps étranger. Quelques semaines plus tard, la mère est assise à son bureau pour noter, comme on l'y avait invitée, l'événement décrit. Et voici que le garçon entre et redemande la pièce d'or : il voudrait l'emporter à sa séance d'analyse pour la montrer. Cette fois encore, l'analyse de l'enfant ne peut découvrir d'accès à ce désir.

Nous voici donc ramenés à la psychanalyse, dont nous étions partis.

XXXIᵉ CONFÉRENCE

LA DÉCOMPOSITION
DE LA PERSONNALITÉ
PSYCHIQUE

Mesdames, Messieurs, je sais que vous connaissez, en ce qui concerne vos propres relations, qu'il s'agisse des individus ou des choses, l'importance du point de départ. Ainsi en fut-il aussi de la psychanalyse : pour le développement qu'elle a connu, pour l'accueil qu'elle a trouvé, il n'a pas été indifférent pour elle de commencer son travail sur le symptôme, la chose la plus étrangère au moi qui se trouve dans le psychisme. Le symptôme provient du refoulé, il en est, en quelque sorte, le représentant [*Vertreter*] devant le moi ; le refoulé est toutefois pour le moi une terre étrangère, une terre étrangère interne, tout comme la réalité est — permettez-moi cette expression inhabituelle — une terre étrangère externe. Du symptôme, le chemin conduisit à l'inconscient, à la vie pulsionnelle, à la sexualité, et ce fut à cette époque que la psychanalyse dut entendre ces objections pleines de sens : l'être humain n'est pas seulement un être sexuel, il connaît des élans plus nobles et plus élevés. On aurait pu ajouter, qu'exalté par la conscience de ces élans plus élevés, il s'arrogeait souvent le droit de penser des absurdités et de négliger des faits.

Vous le savez mieux que personne : ce que nous avons

La décomposition de la personnalité psychique 81

dit, dès le début, c'est que l'être humain tombe malade en raison du conflit entre les revendications de la vie pulsionnelle et la résistance qui s'élève en lui contre elles; nous n'avions pas oublié un seul instant cette instance résistante, rejetante et refoulante, que nous concevions armée de ses forces particulières, les pulsions du moi, et qui coïncide précisément avec le moi de la psychologie populaire. Seulement, étant donné la progression laborieuse du travail scientifique, il n'était pas non plus possible à la psychanalyse d'étudier tous les domaines en même temps et de s'exprimer d'une haleine sur tous les problèmes. Enfin, on arriva au point de pouvoir détacher son attention du refoulé pour la porter sur le refoulant et on se trouva devant ce moi, qui semblait si évident, dans l'attente certaine qu'ici aussi on trouverait des choses auxquelles on ne pouvait pas être préparé; mais il ne fut pas chose facile de trouver un premier accès. C'est de quoi je veux parler aujourd'hui.

Mais il me faut quand même formuler ma supposition, à savoir que mon exposé de la psychologie du moi agira autrement sur vous que l'introduction au monde psychique souterrain qui l'a précédé. Pourquoi doit-il en être ainsi? Je ne saurais le dire avec certitude. J'ai pensé d'abord que vous estimeriez qu'auparavant je vous ai rapporté principalement des faits – même s'ils étaient étranges et déconcertants –, alors que cette fois vous allez surtout entendre parler de conceptions, donc de spéculations. Mais ce n'est pas exact, après un plus ample examen il me faut affirmer que la part d'élaboration conceptuelle du matériel factuel n'est pas beaucoup plus grande dans notre psychologie du moi qu'elle ne l'était dans la psychologie des névroses. Il m'a fallu aussi rejeter d'autres explications de mon attente [a]; je pense maintenant que cela tient en quelque sorte au caractère de la matière même et au peu d'habitude que nous avons de nous en occuper. Quoi qu'il en soit, je ne serais pas étonné que vous vous montriez encore plus réservés et plus prudents dans votre jugement que jusqu'ici.

La situation dans laquelle nous nous trouvons au début de notre examen doit nous indiquer elle-même la route à suivre. Nous voulons faire du moi, de notre moi le plus personnel, l'objet de cet examen. Mais le peut-on? Le moi est le sujet au sens le plus propre, comment pourrait-il devenir objet? Il n'y a néanmoins pas de doute qu'on peut faire cela. Le moi peut se prendre lui-même comme objet, se traiter comme d'autres objets, s'observer, se critiquer et faire encore Dieu sait quoi avec lui-même. Du même coup, une partie du moi s'oppose au reste. Le moi peut donc se cliver, il se clive dans le cours d'un bon nombre de ses fonctions, passagèrement du moins. Les parties peuvent se réunir à nouveau par la suite. Ceci n'est pas exactement une nouveauté, tout au plus une accentuation inhabituelle de choses connues de façon générale. D'autre part, nous sommes familiarisés avec la conception selon laquelle la pathologie peut, en les agrandissant et en les grossissant, attirer notre attention sur des conditions normales qui, autrement, nous auraient échappé. Là où elle nous montre une cassure ou une fissure, il peut y avoir, normalement, une articulation. Si nous jetons un cristal par terre, il se brise, mais pas n'importe comment, il se casse suivant ses directions de clivage en des morceaux dont la délimitation, bien

---

a. L'attente, la prévision formulée dans la première phrase de ce paragraphe.

qu'invisible, était cependant déterminée à l'avance par la structure du cristal. Des structures fêlées et fissurées de ce genre, c'est aussi ce que sont les malades mentaux. Et nous ne pouvons pas non plus leur refuser un peu de cette peur mêlée de respect que les peuples anciens témoignaient aux fous. Ils se sont détournés de la réalité extérieure mais, précisément pour cela, ils en savent plus sur la réalité intérieure, psychique, et peuvent nous dévoiler bien des choses qui, autrement, nous resteraient inaccessibles. D'un groupe de ces malades nous disons qu'ils souffrent de délire d'observation. Ils se plaignent à nous d'être importunés sans relâche et jusque dans leurs actes les plus intimes par l'observation de puissances inconnues – vraisemblablement des individus – et ils entendent de manière hallucinatoire ces individus annoncer les résultats de leur observation : « Maintenant il veut dire ceci, maintenant il s'habille pour sortir, etc. » Cette observation ne se confond pas avec une persécution, mais elle n'en est pas loin, elle suppose qu'on se méfie d'eux, qu'on se prépare à les surprendre dans des actions interdites, pour lesquelles ils doivent être punis. Qu'en serait-il si ces fous avaient raison, s'il existait chez nous tous, dans le moi, une instance observatrice et menaçante de ce genre, qui, chez eux, n'aurait fait que se séparer nettement du moi et aurait été, par erreur, déplacée dans la réalité extérieure ?

Je ne sais s'il en sera pour vous comme pour moi. Depuis que, sous la forte impression de ce tableau clinique, j'ai conçu l'idée que la séparation d'une instance observatrice du reste du moi pouvait être un trait régulier de la structure du moi, elle ne m'a plus quitté, et j'ai été poussé à rechercher les autres caractères et relations de cette instance ainsi délimitée. Le pas suivant est bientôt fait. Le contenu même du délire d'observation donne à entendre que l'observation n'est qu'une préparation au jugement et au châtiment, et nous devinons ainsi qu'une autre fonction de cette instance doit être ce que nous appelons notre conscience[a]. Il n'y a guère autre chose en nous que nous séparions aussi constamment de notre moi et que nous lui opposions aussi facilement que la conscience. J'incline à faire quelque chose dont je me promets du plaisir mais j'y renonce en me donnant ce motif : ma conscience ne le permet pas. Ou bien je me suis laissé inciter, par l'attente excessive d'un plaisir, à faire quelque chose contre quoi protestait la voix de ma conscience, et après l'acte, ma conscience me punit par des reproches pénibles, me fait éprouver le repentir de mon acte. Je pourrais dire simplement que l'instance particulière que je commence à distinguer dans le moi est la conscience, mais il est plus prudent de conserver son autonomie à cette instance et de supposer que la conscience est une de ses fonctions, et que l'auto-observation, condition préalable indispensable à l'activité judiciaire de la conscience, en est une autre. Et comme on ne peut faire reconnaître l'existence d'une entité séparée qu'en lui donnant un nom qui lui soit propre, j'appellerai désormais « *surmoi* » cette instance dans le moi.

Maintenant je m'attends à vous entendre demander sarcastiquement si notre psychologie du moi aboutit à prendre au pied de la lettre et à grossir des abstractions courantes, à les transformer de concepts en choses, ce qui ne ferait pas gagner grand-chose. Je réponds qu'il sera difficile, dans la psychologie du moi, d'éviter ce qui est

---

[a]. Il s'agit dans tout ce chapitre de la conscience morale *(das Gewissen)*, non de la conscience au sens psychologique *(das Bewusstsein)*.

La décomposition de la personnalité psychique 85

connu de tous, il s'agira davantage de nouvelles conceptions et ordonnances que de découvertes nouvelles. Restez-en donc provisoirement à votre critique dédaigneuse et attendez la suite de l'exposé. Les faits de la pathologie donnent à nos efforts un arrière-plan que vous chercheriez vainement pour la psychologie populaire. Je continue. À peine nous sommes-nous familiarisés avec l'idée d'un tel surmoi qui jouit d'une certaine autonomie, poursuit ses propres desseins et qui, dans l'énergie qu'il possède, est indépendant du moi, qu'un tableau clinique s'impose à nous qui éclaire de façon frappante la rigueur, la cruauté même, de cette instance et les changements qui interviennent dans sa relation avec le moi. Je pense à l'état de mélancolie, plus exactement à l'accès de mélancolie, dont vous avez suffisamment entendu parler, même si vous n'êtes pas psychiatres. Dans ce mal, dont nous connaissons bien trop peu les causes et le mécanisme, le trait le plus frappant est la manière dont le surmoi – vous n'avez qu'à dire silencieusement la conscience – traite le moi. Alors que, dans des périodes de santé, le mélancolique peut être, tout comme un autre, plus ou moins sévère avec lui-même, dans l'accès de mélancolie le surmoi devient excessivement sévère, il injurie, humilie, maltraite le pauvre moi, lui promet les pires châtiments, lui fait des reproches pour des actions depuis longtemps passées qui, en leur temps, avaient été prises avec légèreté, comme si, durant tout l'intervalle, il avait rassemblé des accusations et n'avait fait qu'attendre son renforcement actuel pour surgir avec elles et pour condamner sur la base de ces accusations. Le surmoi applique le critère moral le plus sévère au moi, qui lui est livré désemparé; il représente [*vertritt*] d'ailleurs de façon absolue la revendication de la moralité, et nous saisissons d'un coup d'œil que notre sentiment de la culpabilité morale est l'expression de la tension entre moi et surmoi. C'est une expérience très curieuse que de voir [a] comme un phénomène périodique la moralité qui, dit-on, nous a été conférée par Dieu et qui a été si profondément implantée en nous. Car, après un certain nombre de mois, toute cette fantasmagorie morale s'est évanouie, la critique du surmoi se tait, le moi est réhabilité et jouit à nouveau de tous les droits de l'homme jusqu'au prochain accès. Plus même, dans certaines formes de cette maladie, il se produit, dans les intervalles, un phénomène inverse; le moi se trouve dans un état d'ivresse bienheureuse, il triomphe, comme si le surmoi avait perdu toute sa force, ou comme s'il s'était confondu avec le moi et ce moi devenu libre, maniaque, se permet réellement, sans inhibition, la satisfaction de tous ses appétits. Processus riches d'énigmes non résolues!

Vous attendrez certainement plus qu'une simple illustration, si je vous annonce que nous avons appris maintes choses sur la formation du surmoi, donc sur la constitution de la conscience. En s'appuyant sur une phrase connue de Kant, qui met en rapport la conscience en nous avec le ciel étoilé, un homme pieux pourrait bien être tenté de vénérer les deux choses comme les chefs-d'œuvre de la création. Les constellations sont assurément grandioses, mais, en ce qui concerne la conscience, Dieu a accompli un travail inégal et négligent, car une grande majorité d'êtres humains n'en a reçu qu'une part modeste ou à peine assez pour qu'il vaille la peine d'en parler. Nous ne méconnaissons nullement la part de vérité psychologique qui est contenue dans l'affirmation que la

---

a. Chez de tels patients, les mélancoliques.

conscience serait d'origine divine mais cette thèse a besoin d'une interprétation. Même si la conscience est quelque chose « en nous », elle n'y est quand même pas dès le départ. Elle se trouve vraiment en opposition avec la vie sexuelle qui est réellement là depuis le début de la vie et qui ne s'y ajoute pas simplement par la suite. Le petit enfant est, comme on sait, amoral, il ne possède pas d'inhibitions internes à ses impulsions qui aspirent au plaisir. Le rôle qu'assumera plus tard le surmoi est d'abord joué par une puissance extérieure, par l'autorité parentale. L'influence des parents gouverne l'enfant par l'octroi de preuves d'amour et par la menace de punitions qui prouvent à l'enfant la perte d'amour et qui doivent être redoutées en elles-mêmes. Cette angoisse devant un danger réel [a] est le précurseur de l'angoisse morale [b] ultérieure; aussi longtemps qu'elle domine, on n'a pas besoin de parler de surmoi et de conscience. Ce n'est que par la suite que se forme la situation secondaire, que nous considérons trop volontiers comme normale, où l'empêchement extérieur est intériorisé, où le surmoi prend la place de l'instance parentale et où il observe, dirige et menace désormais le moi exactement comme les parents le faisaient auparavant pour l'enfant.

Le surmoi qui prend ainsi possession du pouvoir, du travail et même des méthodes de l'instance parentale n'est cependant pas seulement le successeur de droit mais réellement l'héritier naturel légitime de cette dernière. Il en procède directement, nous verrons bientôt par quel processus. Au préalable, toutefois, il nous faut encore

---

a. *Realangst* : il ne s'agit pas d'une angoisse qui serait plus « réelle » qu'une autre mais d'une angoisse que suscite un danger réel, ici celui de perdre l'amour des parents.
b. *Gewissensangst* : littéralement « angoisse de conscience ».

nous attarder sur une discordance qui les sépare. Le surmoi semble, dans un choix unilatéral, n'avoir repris que la dureté et la sévérité des parents, leur fonction d'interdiction et de punition, alors que leur sollicitude pleine d'amour ne trouve ni accueil ni continuation. Si les parents ont réellement commandé sévèrement, nous nous attendons à voir se développer chez l'enfant aussi un surmoi sévère; cependant l'expérience montre, contre notre attente, que le surmoi peut acquérir le même caractère de dureté inexorable alors que l'éducation a été douce et bienveillante, qu'elle a évité, autant que possible, menaces et punitions. Nous reviendrons par la suite sur cette contradiction, quand nous traiterons des transpositions pulsionnelles lors de la formation du surmoi [a].

Sur la transformation de la relation aux parents en surmoi, je ne peux pas vous en dire autant que je le souhaiterais, d'une part parce que ce processus est si embrouillé que son exposé ne s'insère pas dans le cadre d'une introduction telle que je veux vous la donner, d'autre part parce que nous ne croyons pas nous-mêmes l'avoir pleinement percé à jour. Contentez-vous par conséquent des esquisses suivantes. Le fondement de ce processus est ce qu'on appelle une identification, c'est-à-dire l'assimilation d'un moi à un autre, étranger, en conséquence de quoi ce premier moi se comporte, à certains égards, de la même façon que l'autre, l'imite et, dans une certaine mesure, le prend en soi. On a comparé, non sans justesse, l'identification avec l'incorporation orale, cannibale, de la personne étrangère. L'identification est une forme très importante de la liaison à l'autre, vrai-

---

a. À la fin de la conférence suivante.

semblablement la plus originelle, ce n'est pas la même chose qu'un choix d'objet. On peut exprimer la différence à peu près de la manière suivante : si le petit garçon s'identifie à son père il veut *être* comme son père; s'il en fait l'objet de son choix, il veut l'*avoir,* le posséder; dans le premier cas, son moi est modifié d'après le modèle du père, dans le deuxième cas, cela n'est pas nécessaire. Identification et choix d'objet sont, dans une large mesure, indépendants l'un de l'autre; cependant, on peut aussi s'identifier à la même personne qu'on a, par exemple, prise pour objet sexuel, transformer son moi d'après elle. On dit que l'influence exercée sur le moi par l'objet sexuel est particulièrement fréquente chez les femmes et qu'elle est caractéristique de la féminité. De la relation, bien plus instructive, entre identification et choix d'objet, j'ai déjà dû vous parler dans les conférences précédentes [a]. Elle est aussi facile à observer chez les enfants que chez les adultes, les êtres normaux et les malades. Quand on a perdu un objet ou qu'on a dû y renoncer, on se dédommage bien souvent en s'identifiant à lui, en l'érigeant à nouveau en notre moi, de sorte que le choix d'objet régresse ici, pour ainsi dire, à l'identification.

Je ne suis absolument pas satisfait moi-même de ces développements sur l'identification, mais il suffit que vous puissiez m'accorder que l'institution du surmoi peut être décrite comme un cas réussi d'identification avec l'instance parentale. Or, le fait décisif concernant cette conception est que la création d'une instance supérieure dans le moi est très intimement rattachée au destin du complexe d'Œdipe, de sorte que le surmoi apparaît

---

a. Freud n'y fait que peu d'allusions : cf. la fin de la XXVIe des *Conférences d'introduction.*

comme l'héritier de cette liaison affective si importante pour l'enfance. Nous comprenons qu'en abandonnant le complexe d'Œdipe, l'enfant a dû renoncer aux investissements d'objet intensifs qu'il avait placés chez ses parents, et c'est en dédommagement de cette perte d'objets que les identifications aux parents, vraisemblablement présentes depuis longtemps, se trouvent tellement renforcées dans son moi. De telles identifications, en tant que précipités d'investissements d'objets abandonnés, se répéteront par la suite bien souvent dans la vie de l'enfant, mais il est tout à fait conforme à la valeur affective de ce premier cas d'une telle transposition qu'une place particulière soit faite, dans le moi, à son résultat. Un examen approfondi nous apprend aussi que le surmoi s'étiole dans sa force et son développement si le complexe d'Œdipe n'est surmonté qu'imparfaitement. Au cours du développement, le surmoi adopte aussi les influences des personnes qui ont pris la place des parents, donc des éducateurs, des maîtres, des modèles idéaux. Il s'éloigne normalement de plus en plus des individus parentaux originaires, il devient, pour ainsi dire, plus impersonnel. N'oublions pas non plus que l'enfant juge ses parents différemment à différentes époques de sa vie. À l'époque où le complexe d'Œdipe cède la place au surmoi, ils sont quelque chose de tout à fait grandiose, par la suite ils perdent énormément [de leur prestige]. Des identifications s'établissent aussi avec les parents tels qu'ils apparaissent postérieurement; elles fournissent régulièrement des contributions importantes à la formation du caractère mais elles ne concernent alors que le moi, elles n'influencent plus le surmoi qui a été déterminé par les *imagines* parentales les plus anciennes.

J'espère que vous avez senti que la constitution du

surmoi décrit réellement un rapport structurel et ne personnifie pas simplement une abstraction comme celle de la conscience. Il nous reste à mentionner une fonction importante que nous attribuons à ce surmoi. Il est aussi le porteur de l'idéal du moi, auquel le moi se mesure, à quoi il aspire, dont il s'efforce de satisfaire la revendication d'un perfectionnement toujours plus avancé. Sans aucun doute, cet idéal du moi est le précipité de l'ancienne représentation parentale, l'expression de l'admiration pour la perfection que l'enfant leur attribuait alors.

Je sais que vous avez beaucoup entendu parler du sentiment d'infériorité qui devrait caractériser les névrosés. C'est un fantôme qui hante particulièrement la littérature. Un écrivain qui emploie le terme « complexe d'infériorité » croit avoir satisfait du même coup à toutes les exigences de la psychanalyse et avoir élevé son exposé à un niveau psychologique supérieur. En réalité, le terme technique de « complexe d'infériorité » n'est guère utilisé en psychanalyse. Pour nous, il ne signifie rien de simple, encore moins d'élémentaire. Le ramener à l'autoperception d'éventuelles atrophies d'organes comme se plaît à le faire l'école dite des « psychologues-individuels »[a] nous paraît une erreur due à la myopie. Le sentiment de l'infériorité a de fortes racines érotiques. L'enfant se sent inférieur s'il remarque qu'il n'est pas aimé, et de même pour l'adulte. Le seul organe qui soit réellement considéré comme inférieur est le pénis atrophié, le clitoris de la fille. Mais la part principale du sentiment d'infériorité provient de la relation du moi à son surmoi ; elle

---

a. Il s'agit des conceptions d'Adler. Voir le développement de Freud sur ce sujet ci-dessous, p. 188.

est, tout comme le sentiment de culpabilité, une expression de la tension entre les deux. Sentiment d'infériorité et sentiment de culpabilité sont d'ailleurs difficiles à séparer. Peut-être ferait-on bien de voir dans le premier le complément érotique du sentiment d'infériorité moral. Nous avons accordé peu d'attention à cette question de la délimitation conceptuelle en psychanalyse.

Puisque le complexe d'infériorité est devenu si populaire, je me permettrai de vous distraire ici par une petite digression. Une personnalité historique de notre temps, qui vit encore mais qui est présentement passée à l'arrière-plan, a conservé, d'une lésion subie pendant l'accouchement, une certaine atrophie d'un membre. Un écrivain très connu de notre temps, qui aime surtout travailler à la biographie de personnages éminents, a aussi traité de la vie de l'homme dont je parle [a]. Il est peut-être difficile de réprimer le besoin d'un approfondissement psychologique quand on écrit une biographie. Notre auteur a donc risqué la tentative de bâtir tout le développement du caractère de son héros sur le sentiment d'infériorité que devait éveiller ce défaut corporel. Ce faisant, il a négligé un fait minime mais qui n'est pas sans importance. Il est courant que des mères auxquelles le destin a donné un enfant malade ou défavorisé d'une façon quelconque essaient de le dédommager de ce handicap injuste par un surcroît d'amour. Dans le cas dont il s'agit ici, la mère, qui était orgueilleuse, se comporta différemment, elle retira son amour à l'enfant à cause de son infirmité. Lorsque l'enfant fut devenu un homme très puissant, il témoigna sans ambiguïté par ses actes qu'il n'avait jamais

---

a. Freud fait ici allusion à la biographie de l'empereur Guillaume II par Emil Ludwig (1926).

pardonné à sa mère. Si vous considérez l'importance de l'amour maternel pour la vie psychique de l'enfant, vous corrigerez sans doute en pensée la théorie de l'infériorité avancée par le biographe.

Retournons au surmoi. Nous lui avons attribué l'auto-observation, la conscience et la fonction d'idéal. De nos développements sur sa constitution il ressort qu'il a pour préalables un fait biologique d'une immense importance de même qu'un fait psychologique lourd de fatalité : la longue dépendance du petit être humain à l'égard de ses parents et le complexe d'Œdipe, qui sont intimement liés l'un à l'autre. Le surmoi est ce qui représente pour nous toutes les limitations morales, l'avocat de l'aspiration au perfectionnement, bref ce qui nous est devenu psychologiquement tangible dans ce qu'on tient pour supérieur dans la vie humaine. Comme il remonte lui-même à l'influence des parents, des éducateurs, etc., nous en apprendrons plus sur sa signification si nous nous tournons vers ses sources. En règle générale, les parents et les autorités qui leur sont analogues suivent dans l'éducation de l'enfant les prescriptions de leur propre surmoi. Quelle que soit la façon dont leur moi a pu s'arranger de leur propre surmoi, ils sont sévères et exigeants dans l'éducation de l'enfant. Ils ont oublié les difficultés de leur propre enfance, ils sont satisfaits de pouvoir à présent s'identifier pleinement à leurs propres parents, qui, en leur temps, leur ont imposé ces lourdes restrictions. C'est ainsi que le surmoi de l'enfant ne s'édifie pas, en fait, d'après le modèle des parents mais d'après le surmoi parental; il se remplit du même contenu, il devient porteur de la tradition, de toutes les valeurs à l'épreuve du temps qui se sont perpétuées de cette manière de génération en génération. Vous devinez facilement quelle aide importante pour la compréhension du comportement social de l'être humain, par exemple pour la compréhension de l'abandon affectif[a] et peut-être aussi quelles indications pratiques pour l'éducation résultent de la prise en considération du surmoi. Les conceptions dites matérialistes de l'histoire pèchent vraisemblablement en ce qu'elles sous-estiment ce facteur. Elles s'en débarrassent en remarquant que les « idéologies » des êtres humains ne sont rien d'autre que le résultat et la superstructure de leurs conditions économiques actuelles. C'est la vérité, mais très vraisemblablement pas toute la vérité. L'humanité ne vit jamais entièrement dans le présent; dans les idéologies du surmoi le passé continue à vivre, la tradition de la race et du peuple, qui ne cède que lentement la place aux influences du présent, aux nouvelles modifications; aussi longtemps que passé et tradition agissent à travers le surmoi, ils jouent dans la vie humaine un rôle puissant, indépendant des conditions économiques.

En 1921, j'ai essayé d'appliquer la différenciation entre moi et surmoi à l'étude de la psychologie des masses. Je suis arrivé à une formule comme : une masse psychologique est une réunion d'individus qui ont introduit la même personne dans leur surmoi et qui, sur la base de cette communauté, se sont identifiés les uns aux autres dans leur moi. Elle ne vaut, bien sûr, que pour des masses qui ont un chef. Si nous possédions plus d'applications de ce genre, la thèse du surmoi perdrait pour nous sa dernière parcelle d'étrangeté et nous nous libérerions entièrement de la gêne qui continue, malgré tout,

---

a. Nous traduisons ainsi *Verwahrlosung*. Freud fait ici probablement allusion au livre d'A. Aichhorn sur la délinquance juvénile, *Verwahrloste Jugend* (1925), qu'il a préfacé.

à s'emparer de nous, lorsque, habitués à l'atmosphère du monde souterrain, nous nous mouvons dans les couches supérieures, plus superficielles, de l'appareil psychique. Nous ne croyons pas, bien entendu, qu'avec la mise à part du surmoi, nous ayons formulé le dernier mot de la psychologie du moi. C'est plutôt un premier commencement, mais dans ce cas, il n'y a pas que le commencement qui soit difficile.

Mais voici qu'une autre tâche nous attend, à l'extrémité opposée, pour ainsi dire, du moi. Elle nous est posée par une observation faite pendant le travail analytique, une observation qui est, en fait, très ancienne. Et comme il arrive parfois, il a fallu longtemps avant qu'on se décide à la prendre en considération. Comme vous le savez, toute la théorie psychanalytique est édifiée en fait sur la perception de la résistance que manifeste à notre égard le patient lorsque nous essayons de lui rendre conscient son inconscient. Le signe objectif de la résistance est que les idées [a] s'arrêtent ou qu'elles s'éloignent bien loin du thème traité. Le patient peut aussi reconnaître subjectivement la résistance au fait qu'il éprouve des sensations pénibles quand il se rapproche du thème. Mais ce dernier signe peut aussi rester absent. Nous disons alors au patient que nous déduisons de son comportement qu'il se trouve actuellement en résistance et il répond qu'il n'en sait rien, qu'il remarque seulement la difficulté qu'il a maintenant à avoir des idées [a]. Il s'avère que nous avions raison, mais alors sa résistance était, elle aussi, inconsciente, tout aussi inconsciente que le refoulé à l'abolition [b] duquel nous travaillons. On aurait dû soulever depuis longtemps la

---

a. *Einfälle.*
b. *Hebung.*

question : de quelle partie de la vie psychique provient une telle résistance inconsciente? Celui qui débute en psychanalyse aura vite une réponse toute prête : c'est justement la résistance de l'inconscient. Réponse équivoque, inutilisable! Si l'on entend par là qu'elle provient du refoulé il nous faut alors dire : certainement pas! Il nous faut plutôt attribuer au refoulé un fort élan vers le haut, une poussée pour obtenir accès à la conscience. La résistance ne peut être qu'une manifestation du moi qui, en son temps, a accompli le refoulement et qui veut à présent le maintenir. C'est d'ailleurs comme cela que nous l'avons toujours conçu auparavant. Depuis que nous supposons une instance particulière dans le moi : le surmoi, qui représente [*vertritt*] les exigences restrictives et rejetantes, nous pouvons dire que le refoulement est l'œuvre de ce surmoi, qu'il l'accomplit soit lui-même, soit, sur son ordre, le moi qui lui obéit. Si maintenant se présente le cas où, dans l'analyse, la résistance ne devient pas consciente au patient, cela signifie, soit que le surmoi et le moi peuvent, dans des situations très importantes, travailler inconsciemment, soit – et ce serait encore plus significatif – que des parties des deux, du moi et du surmoi eux-mêmes, sont inconscientes. Dans les deux cas, nous devons prendre connaissance de la constatation peu réjouissante que (sur)moi et conscient d'une part, refoulé et inconscient d'autre part, ne coïncident en aucune façon.

Mesdames, Messieurs, je ressens le besoin, pour souffler un peu, de faire une pause que vous saluerez vous aussi comme bienfaisante et, avant de continuer, de m'excuser auprès de vous. Je veux vous donner un complément à une introduction à la psychanalyse que j'ai commencée il y a quinze ans, et je dois me comporter comme si, vous aussi, vous n'aviez fait rien d'autre dans l'intervalle que de la psychanalyse. Je sais que c'est une prétention incongrue, mais je suis désemparé, je ne peux pas faire autrement. Cela vient sans doute du fait qu'il est extrêmement difficile, d'une manière générale, de donner un aperçu de la psychanalyse à qui n'est pas lui-même psychanalyste. Vous pouvez me croire, nous ne donnons pas volontiers l'impression d'être membres d'une association secrète et de pratiquer une science secrète. Et cependant nous avons dû reconnaître et proclamer notre conviction que personne n'a le droit d'intervenir en psychanalyse s'il n'a pas acquis des expériences déterminées qu'on ne peut acquérir que par une analyse sur sa propre personne. Lorsque je vous ai fait mes conférences il y a quinze ans, j'ai essayé de vous épargner certaines parties spéculatives de notre théorie, mais c'est précisément à elles que se rattachent les nouvelles acquisitions dont j'ai à vous parler aujourd'hui.

Je retourne à mon thème. Nous demandant si le moi et le surmoi peuvent être eux-mêmes inconscients ou s'ils peuvent uniquement produire des effets inconscients, nous nous sommes, avec de bonnes raisons, décidés pour la première de ces possibilités. Oui, de grandes parties du moi et du surmoi peuvent rester inconscientes, sont normalement inconscientes. Cela signifie que l'individu ne sait rien de leurs contenus et qu'il faut déployer des efforts pour les lui rendre conscients. Il est exact que moi et conscient, refoulé et inconscient ne coïncident pas. Nous éprouvons le besoin de réviser fondamentalement notre position sur le problème conscient-inconscient. D'abord, nous sommes enclins à bien diminuer la valeur du critère de l'état conscient, puisqu'il s'est montré si peu sûr. Mais nous aurions tort. Il en va comme de notre vie : elle ne vaut pas grand-chose, mais c'est tout ce que nous avons. Sans le flambeau de la qualité du conscient nous serions perdus dans l'obscurité de la psychologie des profondeurs; mais nous pouvons essayer de nous orienter de façon nouvelle.

Ce qu'il convient d'appeler conscient, nous n'avons pas besoin d'en discuter, c'est hors de doute. Le sens le plus ancien et le meilleur du mot « inconscient » est le sens descriptif; nous appelons inconscient un processus psychique dont il nous faut supposer l'existence parce que, par exemple, nous le déduisons de ses effets, mais dont nous ne savons rien. Nous avons alors la même relation avec lui qu'avec un processus psychique chez un autre individu sauf que c'est précisément un des nôtres. Si nous voulons être encore plus exacts, nous modifierons la proposition, en appelant un processus « inconscient » s'il nous faut supposer qu'*actuellement* il est activé, bien qu'*actuellement* nous ne sachions rien de lui. Cette restriction nous rappelle que la plupart des processus conscients ne sont conscients que peu de temps; très vite, ils deviennent *latents,* mais ils peuvent facilement redevenir conscients. Nous pourrions dire aussi qu'ils sont devenus inconscients, s'il était seulement certain qu'à l'état de latence, ils sont encore quelque chose de psychique. Jusque-là, nous n'aurions rien appris de nouveau, et nous n'aurions pas non plus acquis le droit d'introduire en psychologie la notion d'un inconscient. Mais il y a la nouvelle expérience que nous avons déjà pu faire avec les actes manqués. Pour expliquer, par exemple, un *lapsus linguae,* nous nous voyons contraints de supposer que s'était formée, chez la personne concernée, une certaine intention de parole. Nous la devinons avec certitude, à partir de la perturbation intervenue dans la parole, mais elle ne s'était pas imposée, elle était donc inconsciente.

Si nous l'exposons, après coup, au locuteur, il peut la reconnaître comme lui étant familière et alors elle ne lui était que temporairement inconsciente [a] ou bien il peut la désavouer [*verleugnen*] comme lui étant étrangère, et alors elle lui était inconsciente de façon permanente. De cette expérience, nous puisons rétroactivement le droit d'appeler aussi inconscient ce que nous avions qualifié de latent. La prise en considération de ces rapports dynamiques nous permet maintenant de distinguer deux sortes d'inconscient : l'un qui, dans des conditions fréquemment réalisées, se transforme aisément en conscient; un autre pour lequel cette transposition ne se produit que difficilement au prix d'efforts considérables et peut-être jamais. Pour échapper à l'équivoque et savoir si nous pensons à un inconscient ou à l'autre, si nous employons le terme au sens descriptif ou au sens dynamique, nous utilisons un expédient simple et licite. Nous appelons cet inconscient qui est uniquement latent et qui devient si facilement conscient le préconscient; et nous réservons l'expression d'« inconscient » à l'autre. Nous avons maintenant trois termes : conscient, préconscient, inconscient, avec lesquels nous nous tirons d'affaire dans la description des phénomènes psychiques. Encore une fois, de façon purement descriptive, le préconscient est, lui aussi, inconscient mais nous ne le désignons pas ainsi, si ce n'est dans un exposé relâché ou si nous avons à défendre d'une façon générale l'existence de processus inconscients dans la vie psychique.

Vous m'accorderez, j'espère, que jusqu'ici tout cela n'est pas si difficile et permet une application commode. Oui, mais malheureusement le travail psychanalytique

---

a. Cf. *Conférences d'introduction*, IV.

s'est trouvé contraint d'employer le terme d'inconscient dans un autre sens encore, un troisième sens, et cela peut, en effet, avoir semé quelque confusion. Sous l'impression nouvelle et puissante qu'un vaste et important domaine de la vie psychique restait normalement soustrait à la connaissance du moi, de sorte que les processus qui s'y déroulent doivent être reconnus comme inconscients au vrai sens dynamique, nous avons entendu le terme « inconscient » également dans un sens topique ou systématique, nous avons parlé d'un système du préconscient et de l'inconscient, d'un conflit du moi avec le système Ics, et nous avons donné au mot de plus en plus la signification d'une province psychique plutôt que d'une qualité du psychique. La découverte, embarrassante en soi, que des parties du moi et du surmoi sont, elles aussi, inconscientes au sens dynamique agit ici comme un soulagement ; elle nous permet d'éliminer une complication. Nous voyons que nous n'avons pas le droit d'appeler le domaine psychique étranger au moi système Ics, puisque l'état inconscient n'est pas son caractère exclusif. Soit, nous n'utiliserons donc plus « inconscient » au sens systématique et nous donnerons à ce qui était jusqu'à présent désigné ainsi un nom meilleur qui ne prête plus à malentendu. En nous appuyant sur l'usage qu'on trouve chez Nietzsche et par suite d'une incitation de G. Groddeck nous l'appellerons dorénavant le *ça*[a]. Ce pronom impersonnel paraît particulièrement approprié pour exprimer le caractère principal de cette province psychique, son caractère d'être étranger au moi. Surmoi, moi et ça sont donc les trois royaumes, régions, provinces

---

a. En allemand *Es* : substantivation du pronom neutre de la troisième personne du singulier.

en lesquels nous décomposons l'appareil psychique de la personne et nous allons, dans ce qui suit, nous occuper de leurs relations réciproques.

Tout d'abord, une courte remarque. Je présume que vous êtes mécontents de ce que les trois qualités de l'état conscient et les trois provinces de l'appareil psychique ne se soient pas réunies en trois couples pacifiques et que vous y voyez quelque chose comme un obscurcissement de nos résultats. Je pense pour ma part que nous ne devrions pas le regretter et que nous devrions nous dire que nous n'avions pas le droit de nous attendre à un agencement aussi harmonieux. Laissez-moi établir une comparaison; les comparaisons ne tranchent rien, c'est vrai, mais elles peuvent faire qu'on se sente plus à l'aise. J'imagine un pays au relief très varié, collines, plaines et chaînes de lacs, avec une population mêlée – Allemands, Magyars et Slovaques y habitent, exerçant aussi des activités diverses. Or il se pourrait que la répartition soit telle que dans les collines habitent les Allemands, qui sont éleveurs de bétail, dans la plaine les Magyars, qui cultivent les céréales et la vigne, au bord des lacs les Slovaques, qui pêchent les poissons et tressent les joncs. Si cette répartition était nette et pure, un Wilson [a] y trouverait son plaisir; ce serait commode aussi pour faire des exposés en classe de géographie. Mais il est vraisemblable que vous trouverez moins d'ordre et plus de mélange si vous voyagez à travers la région, Allemands, Magyars et Slovaques vivent partout pêle-mêle, dans les collines il y a aussi des champs, dans la plaine on élève aussi du bétail. Il y a, naturellement, un certain

---

a. Le président des États-Unis auquel Freud venait de consacrer une étude, en collaboration avec l'ambassadeur W. C. Bullitt.

nombre de choses qui sont comme vous les attendiez : car sur les montagnes, on ne peut pas pêcher de poissons, la vigne ne pousse pas dans l'eau. L'image de la contrée que vous avez apportée avec vous peut être juste dans ses grandes lignes; dans les détails, il faudra nous accommoder de divergences.

Vous ne vous attendez pas à ce que j'aie grand-chose de nouveau à vous communiquer sur le *ça,* à part son nouveau nom. C'est la partie obscure, inaccessible de notre personnalité; le peu que nous sachions de lui, nous l'avons appris par l'étude du travail du rêve et de la formation du symptôme névrotique, et la plus grande partie de ce que nous connaissons a un caractère négatif, ne peut se décrire que par opposition au moi. Nous nous approchons du ça avec des comparaisons, nous l'appelons un chaos, un chaudron plein d'excitations en ébullition. Nous nous représentons qu'il est ouvert à son extrémité vers le somatique, que là il recueille en lui les besoins pulsionnels qui trouvent en lui leur expression psychique mais nous ne pouvons pas dire dans quel substrat. À partir des pulsions, il se remplit d'énergie, mais il n'a pas d'organisation, il ne produit pas de volonté d'ensemble, mais seulement l'aspiration à procurer satisfaction aux besoins pulsionnels, en observant le principe de plaisir. Pour les processus qui ont lieu dans le ça, les lois logiques de la pensée ne sont pas valables, surtout pas le principe de contradiction. Des motions opposées coexistent côte à côte sans s'annuler ni se soustraire les unes des autres, qui tout au plus se réunissent en des formations de compromis pour l'évacuation de l'énergie, sous la contrainte économique dominante. Il n'y a rien dans le ça qu'on pourrait assimiler à la négation, on constate aussi avec stupéfaction qu'il constitue l'exception

La décomposition de la personnalité psychique 103

à la thèse des philosophes selon laquelle l'espace et le temps sont des formes nécessaires de nos actes psychiques. Il ne se trouve rien dans le ça qui corresponde à la représentation du temps, pas de reconnaissance d'un cours temporel et, ce qui est extrêmement curieux et attend d'être pris en considération par la pensée philosophique, pas de modification du processus psychique par le cours du temps. Des motions de désir qui n'ont jamais franchi le ça, mais aussi des impressions qui ont été plongées par le refoulement dans le ça, sont virtuellement immortelles, elles se comportent après des décennies comme si elles venaient de se produire. Elles ne peuvent être reconnues comme passé, perdre leur valeur et être dépouillées de leur investissement d'énergie, que si, par le travail analytique, elles sont devenues conscientes, et là-dessus repose pour une bonne part l'effet thérapeutique du traitement analytique.

Comme toujours, j'ai l'impression que nous avons tiré bien trop peu de choses, pour notre théorie, de ce fait absolument hors de doute : l'inaltérabilité du refoulé, qui demeure insensible au temps. Il semble pourtant que s'ouvre ici un accès aux découvertes les plus profondes. Malheureusement je n'ai pas réussi, moi non plus, à aller plus avant dans ce domaine.

Bien entendu, le ça ne connaît pas de jugement de valeur, pas de bien ni de mal, pas de morale. Le facteur économique ou, si vous voulez, quantitatif, intimement lié au principe de plaisir, domine tous les processus. Des investissements pulsionnels qui réclament leur décharge, tout cela – pensons-nous – est dans le ça. Il semble même que l'énergie de ces motions pulsionnelles se trouve dans un autre état que dans les autres circonscriptions psychiques, qu'elle est beaucoup plus mobile et capable de décharge car dans le cas contraire il ne se produirait pas ces déplacements et ces condensations qui sont caractéristiques du ça et qui font si totalement abstraction de la qualité de l'investi – dans le moi, nous l'appellerions une représentation. On donnerait beaucoup pour pouvoir mieux comprendre ces choses! Vous voyez du reste que nous sommes en état d'indiquer encore d'autres propriétés du ça que celle d'être inconscient, et vous reconnaissez que des parties du moi et du surmoi peuvent être inconscientes, sans posséder les mêmes caractères primitifs et irrationnels. Nous parviendrons le mieux à caractériser le moi proprement dit – dans la mesure où il se laisse séparer du ça et du surmoi – en considérant sa relation avec la partie extrême, superficielle, de l'appareil psychique que nous désignons comme système Pc-Cs[a]. Ce système est tourné vers le monde extérieur, il transmet les perceptions qui en viennent; en lui se constitue, pendant son fonctionnement, le phénomène de la conscience. C'est l'organe sensoriel de tout l'appareil, qui n'est d'ailleurs pas seulement réceptif aux excitations qui parviennent de l'extérieur, mais aussi à d'autres qui parviennent de l'intérieur de la vie psychique. Il n'est guère besoin de justifier la conception qui veut que le moi soit la partie du ça qui a été modifiée par la proximité et l'influence du monde extérieur, qui a été aménagée pour accueillir les stimulations et pour s'en protéger, qui est comparable à la couche d'écorce dont s'entoure un petit morceau de substance vivante. La relation au monde extérieur est devenue décisive pour le moi, il a assumé la tâche de le représenter [*vertreten*]

---

a. Perception-Conscience. En allemand *Wahrnehmung-Bewusstsein (W-Bw)*.

La décomposition de la personnalité psychique 105

auprès du ça, pour le salut du ça qui, sans égard pour cette puissance extérieure hyperpuissante, n'échapperait pas à l'anéantissement dans son aspiration aveugle à la satisfaction pulsionnelle. Dans l'accomplissement de cette fonction, le moi doit observer le monde extérieur, en consigner une reproduction fidèle dans les traces mnésiques de ses perceptions, écarter par l'activité de l'épreuve de réalité ce qui, dans cette image du monde extérieur, est adjonction de sources d'excitation internes. Sur l'ordre du ça, le moi régit les accès à la motilité, mais il a intercalé, entre le besoin et l'action, le délai du travail de la pensée, pendant lequel il utilise les restes mnésiques de l'expérience. De cette manière, il a détrôné le principe de plaisir qui domine sans restriction le cours des processus dans le ça et l'a remplacé par le principe de réalité, qui promet plus de sécurité et un succès plus grand.

La relation avec le temps, si difficile à décrire, est elle aussi transmise au moi par le système de perception : il n'est guère douteux que le mode de travail de ce système fournit l'origine de la représentation du temps. Mais ce qui caractérise tout particulièrement le moi, à la différence du ça, c'est une propension à la synthèse de ses contenus, à la concentration et à l'unification de ses processus psychiques, qui font totalement défaut au ça. Lorsque nous traiterons prochainement des pulsions dans la vie psychique nous parviendrons, je l'espère, à ramener ce caractère essentiel du moi à sa source. Lui seul établit ce haut degré d'organisation dont le moi a besoin pour ses meilleurs accomplissements. Il se développe de la perception des pulsions à la maîtrise des pulsions mais cette dernière n'est atteinte que grâce au fait que la représentance pulsionnelle [*Triebrepräsentanz*] s'insère dans une plus grande connexion, est accueillie dans un contexte.

Pour adopter des façons de parler populaires, nous pouvons dire que le moi représente [*vertritt*] dans la vie psychique la raison et la circonspection, le ça, tout au contraire, les passions indomptées.

Nous nous en sommes laissé imposer, jusqu'à présent, par l'énumération des avantages et des capacités du moi; il est temps, maintenant, de mentionner aussi son envers. Le moi n'est, en effet, qu'un morceau du ça, un morceau modifié de manière adéquate par la proximité du monde extérieur dangereux et menaçant. Du point de vue dynamique, il est faible, ses énergies il les a empruntées au ça et nous ne sommes pas sans percer à jour quelque peu les méthodes, on pourrait dire les ruses, par lesquelles il soustrait au ça de nouveaux quanta d'énergie. Une de ces voies, par exemple, est aussi l'identification avec des objets conservés ou abandonnés. Les investissements d'objet proviennent des revendications pulsionnelles du ça. Le moi doit d'abord les enregistrer. Mais en s'identifiant avec l'objet, il se recommande au ça à la place de l'objet, il veut diriger sur lui la libido du ça. Nous avons déjà vu [a] qu'au cours de la vie, le moi recueille en lui un grand nombre de tels précipités d'anciens investissements d'objet. Dans l'ensemble, le moi doit exécuter les intentions du ça, il remplit sa tâche quand il découvre les circonstances dans lesquelles ces intentions peuvent être le mieux atteintes. On pourrait comparer le rapport du moi au ça avec celui du cavalier à son cheval. Le cheval fournit l'énergie de la locomotion, le cavalier a la prérogative de déterminer le but, de guider le mouvement du puissant animal. Mais entre le moi et le ça survient

---

a. Pages 89-90.

trop fréquemment le cas, qui n'est pas idéal, où le cavalier doit mener le coursier là où celui-ci ne veut pas aller.

Le moi s'est séparé d'une partie du ça par des résistances de refoulement. Mais le refoulement ne se poursuit pas dans le ça. Le refoulé conflue avec le reste du ça.

Un proverbe met en garde de servir deux maîtres à la fois. Le pauvre moi est dans une situation encore pire, il sert trois maîtres sévères, il s'efforce de concilier leurs revendications et leurs exigences. Ces revendications divergent toujours, paraissent souvent incompatibles, il n'est pas étonnant que le moi échoue si souvent dans sa tâche. Les trois despotes sont le monde extérieur, le surmoi et le ça. Quand on suit les efforts du moi pour les satisfaire tous en même temps, plus exactement pour leur obéir en même temps, on ne peut regretter d'avoir personnifié ce moi, de l'avoir présenté comme un être particulier. Il se sent entravé de trois côtés, menacé par trois sortes de dangers auxquels il réagit, en cas de détresse, par un développement d'angoisse. De par son origine qui provient des expériences du système de perception, il est destiné à représenter [*vertreten*] les exigences du monde extérieur mais il veut être aussi le fidèle serviteur du ça, rester en bons termes avec lui, se recommander à lui comme objet, attirer sur lui sa libido. Dans son effort de médiation entre le ça et la réalité, il est souvent contraint de revêtir les ordres ics du ça avec ses rationalisations pcs, de camoufler les conflits du ça avec la réalité, de faire accroire, avec une insincérité diplomatique, qu'il tient compte de la réalité, même si le ça est resté rigide et intraitable. D'autre part, il est observé pas à pas par le rigoureux surmoi qui lui impose certaines normes de son comportement, sans tenir compte des difficultés provenant du ça et du monde extérieur, et qui, au cas où elles ne sont pas respectées, le punit par les sentiments de tension que constitue l'infériorité ou la conscience de la culpabilité. Ainsi, poussé par le ça, entravé par le surmoi, rejeté par la réalité, le moi lutte pour venir à bout de sa tâche économique, qui consiste à établir l'harmonie parmi les forces et les influences qui agissent en lui et sur lui, et nous comprenons pourquoi nous ne pouvons très souvent réprimer l'exclamation : « La vie n'est pas facile ! » Lorsque le moi est contraint de reconnaître sa faiblesse, il éclate en angoisse, une angoisse réelle devant le monde extérieur, une angoisse de conscience devant le surmoi, une angoisse névrotique devant la force des passions logées dans le ça.

Ces relations structurales de la personnalité psychique que j'ai développées devant vous, je voudrais les exposer dans un dessin sans prétention que je vous soumets ici :

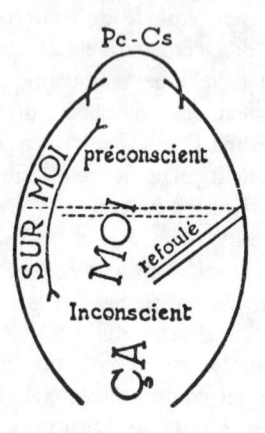

Comme vous le voyez, le surmoi plonge dans le ça; en effet, en tant qu'héritier du complexe d'Œdipe, il a des relations intimes avec lui, il se trouve plus éloigné

La décomposition de la personnalité psychique 109

du système de perception que le moi. Le ça n'a de rapport avec le monde extérieur que par l'intermédiaire du moi, du moins dans ce schéma. Il est assurément difficile de dire aujourd'hui dans quelle mesure ce dessin est exact; en un point il ne l'est assurément pas. L'espace qu'occupe le ça inconscient devrait être incomparablement plus grand que celui du moi ou du préconscient. Je vous prie de rectifier en pensée.

Et maintenant, pour conclure ces développements assurément fatigants et qui ne sont peut-être pas éclairants, encore une recommandation. Vous ne songerez pas, dans cette séparation de la personnalité en moi, surmoi et ça, à des frontières nettes, telles qu'elles ont été artificiellement tracées en géographie politique. Nous ne pouvons pas rendre justice à la spécificité du psychique par des contours linéaires comme dans le dessin ou dans la peinture primitive, mais plutôt par des champs de couleur qui s'estompent comme chez les peintres modernes. Après avoir séparé, il nous faut à nouveau laisser se fondre ensemble ce que nous avons séparé. Ne jugez pas trop durement un premier essai pour rendre sensible le psychique, si difficilement saisissable. Il est très vraisemblable que la forme prise par ces séparations varie grandement selon les personnes, il est possible qu'elles se trouvent elles-mêmes modifiées dans leur fonctionnement et qu'elles soient temporairement remodelées. Ceci semble s'appliquer en particulier à la différenciation qui intervient phylogénétiquement en dernier et qui est la plus épineuse : celle du moi et du surmoi. Il est indubitable qu'une maladie psychique provoquera le même résultat. On peut aussi se représenter sans peine que certaines pratiques mystiques sont capables de renverser les relations normales entre les différentes circonscriptions psychiques, de sorte que, par exemple, la perception peut saisir, dans le moi profond et dans le ça, des rapports qui lui étaient autrement inaccessibles. Pourra-t-on par cette voie se rendre maître des dernières vérités dont on attend le salut? On peut tranquillement en douter. Nous admettrons toutefois que les efforts thérapeutiques de la psychanalyse se sont choisi un point d'attaque similaire. Leur intention est en effet de fortifier le moi, de le rendre plus indépendant du surmoi, d'élargir son champ de perception et de consolider son organisation de sorte qu'il puisse s'approprier de nouveaux morceaux du ça. Là où était du ça, doit advenir du moi.

Il s'agit d'un travail de civilisation, un peu comme l'assèchement du Zuyderzee.

XXXIIᵉ CONFÉRENCE

ANGOISSE
ET VIE PULSIONNELLE

Mesdames, Messieurs, vous ne serez pas surpris d'entendre que j'ai à vous rapporter certaines nouveautés concernant notre conception de l'angoisse et des pulsions fondamentales de la vie psychique, ni non plus qu'aucune d'entre elles ne puisse prétendre être une solution définitive des problèmes en suspens. C'est dans une intention précise que je vous parle ici de conceptions. Ce sont les tâches les plus difficiles qui nous sont imposées, mais la difficulté ne tient pas à quelque insuffisance des observations – ce sont précisément les phénomènes les plus fréquents et les plus familiers qui nous posent ces énigmes –, ni non plus à l'éloignement des spéculations auxquelles elles incitent; une élaboration spéculative entre peu en ligne de compte dans ce domaine. Il s'agit ici véritablement de conceptions, c'est-à-dire d'introduire les représentations abstraites correctes dont l'application à la matière brute de l'observation fait naître en elle l'ordre et la transparence.

À l'*angoisse*, j'ai déjà consacré une conférence de la première série, la vingt-cinquième. Il faut que j'en répète le contenu en abrégé. Nous avons dit que l'angoisse était un état d'affect, donc une réunion de sensations déterminées de la série plaisir-déplaisir avec les innervations de décharge qui leur correspondent, ainsi que la perception de ces dernières; qu'elle est vraisemblablement le précipité d'un certain événement important, incorporé par l'hérédité, comparable donc à l'accès hystérique acquis de façon individuelle. Comme événement ayant laissé une telle trace d'affect, nous avons invoqué le processus de la naissance, au cours duquel les influences sur l'activité cardiaque et la respiration, qui sont propres à l'angoisse, entraient en ligne de compte. La toute première angoisse aurait donc été toxique. Nous sommes partis ensuite de la distinction entre angoisse réelle et angoisse névrotique, la première nous est apparue comme une réaction compréhensible au danger, c'est-à-dire à un dommage attendu de l'extérieur, l'autre nous est apparue comme absolument énigmatique, aussi bien que sans but. Dans une analyse de l'angoisse réelle, nous l'avons réduite à un état d'attention sensorielle accrue et de tension motrice que nous appelons *préparation d'angoisse*. À partir de celle-ci se développerait la réaction d'angoisse. Dans cette dernière, deux issues seraient possibles. Soit le *développement d'angoisse,* la répétition de l'ancien vécu traumatique, se limite à un signal, et alors le reste de la réaction peut s'adapter à la nouvelle situation de danger et aboutir à la fuite ou à la défense, soit l'ancienne situation conserve le dessus, toute la réaction s'épuise dans le développement d'angoisse et alors l'état d'affect devient paralysant et inapproprié à la situation présente.

Nous nous sommes ensuite tournés vers l'angoisse névrotique et nous avons dit que nous l'observions dans trois circonstances différentes. Premièrement comme anxiété générale, flottant librement, prête à se rattacher temporairement à toute possibilité nouvellement apparue, sous forme d'angoisse dite d'attente, comme par exemple dans la névrose d'angoisse typique. Deuxièmement comme solidement liée à des contenus de représentation déterminés, dans ce qu'on appelle les *phobies,* où nous pouvons, il est vrai, reconnaître encore une relation avec le danger extérieur, mais où nous devons estimer démesurément exagérée l'angoisse qu'il suscite. Troisièmement enfin comme angoisse dans l'hystérie et d'autres formes de névroses graves qui, soit accompagne les symptômes, soit survient indépendamment sous forme d'accès ou d'état plus durable, mais toujours sans motivation visible par un danger extérieur. Nous nous sommes ensuite posé ces deux questions : de quoi a-t-on peur dans l'angoisse névrotique ? et comment peut-on mettre celle-ci en relation avec l'angoisse réelle devant des dangers extérieurs ?

Nos recherches ne sont aucunement restées sans succès, nous avons acquis quelques éclaircissements importants. En ce qui concerne l'attente anxieuse, l'expérience clinique nous a appris à reconnaître une connexion régulière avec l'économie de la libido dans la vie sexuelle. La cause la plus habituelle de la névrose d'angoisse est l'excitation frustrée. Une excitation libidinale est provoquée, mais elle n'est pas satisfaite, pas employée : à la place de cette libido détournée de son utilisation survient alors l'état d'anxiété. Je me suis même cru autorisé à dire que cette libido insatisfaite se transformait directement en angoisse. Cette conception a trouvé un support dans certaines phobies, tout à fait régulières, des petits enfants. Beaucoup de ces phobies sont absolument énigmatiques pour nous mais d'autres, comme l'angoisse d'être seul, et l'angoisse devant les personnes étrangères, permettent une explication sûre. La solitude de même que le visage étranger éveillent le désir intense de la mère familière; l'enfant ne peut dominer cette excitation libidinale, il ne peut la laisser en suspens, mais il la transforme en angoisse. Cette angoisse enfantine doit donc être mise sur le compte non pas de l'angoisse réelle, mais de l'angoisse névrotique. Les phobies enfantines et l'attente d'angoisse de la névrose d'angoisse nous donnent deux exemples d'une des manières dont se constitue l'angoisse névrotique : par une transformation directe de la libido. Nous allons tout de suite faire la connaissance d'un deuxième mécanisme; il apparaîtra qu'il n'est pas très différent du premier.

Nous rendons en effet le processus du refoulement responsable de l'angoisse dans l'hystérie et d'autres névroses. Nous estimons pouvoir le décrire plus complètement qu'auparavant si nous séparons bien le destin de la représentation qu'il s'agit de refouler du quantum de libido qui lui est inhérent. C'est la représentation qui subit le refoulement, qui est éventuellement déformée jusqu'à être méconnaissable; mais son quantum d'affect est régulièrement transformé en angoisse et ceci quelle que soit sa nature, agression ou amour. Or la raison pour laquelle un quantum de libido est devenu inutilisable ne constitue pas une différence essentielle : cela peut se produire par suite d'une faiblesse infantile du moi comme pour les phobies enfantines, à la suite de processus somatiques dans la vie sexuelle comme pour la névrose d'angoisse, ou par refoulement comme pour l'hystérie. Les deux mécanismes de la naissance de l'angoisse névrotique coïncident donc en fait.

Pendant ces recherches, notre attention a été attirée sur une relation extrêmement importante entre le développement d'angoisse et la formation du symptôme : à savoir que tous deux se représentent [*vertreten*] et se relaient mutuellement. L'agoraphobe, par exemple, commence l'histoire de ses souffrances par un accès d'angoisse dans la rue. Celui-ci se répéterait chaque fois qu'il retournerait dans la rue. Il crée alors le symptôme de l'agoraphobie, qu'on peut aussi appeler une inhibition, une limitation de la fonction du moi, et il s'épargne de la sorte l'accès d'angoisse. On constate l'inverse quand on s'immisce, comme cela est possible, par exemple, pour les actions compulsives, dans la formation du symptôme. Si on empêche le malade d'effectuer son cérémonial de lavage, il tombe dans un état d'angoisse difficilement supportable dont son symptôme l'avait manifestement protégé. Et il semble, en effet, que le développement d'angoisse est antérieur, la formation du symptôme postérieure, comme si les symptômes étaient créés pour éviter l'irruption de l'état d'angoisse. Avec cela s'accorde aussi le fait que les premières névroses de l'enfance sont des phobies, des états où l'on aperçoit très clairement comment un développement d'angoisse initial est relayé par la formation du symptôme, plus tardive : on a l'impression que c'est à partir de ces relations qu'on trouvera le meilleur accès à la compréhension de l'angoisse névrotique. En même temps, nous avons aussi réussi à répondre à la question de savoir de quoi on a peur dans l'angoisse névrotique ; et à établir ainsi la liaison entre l'angoisse névrotique et l'angoisse réelle. Ce dont on a peur c'est manifestement de sa propre libido. La différence avec la situation de l'angoisse réelle réside en deux points : à savoir que le danger est interne au lieu d'être externe, et qu'il n'est pas reconnu consciemment.

Dans les phobies on peut très nettement reconnaître

comment ce danger interne est transposé en un danger externe, comment, donc, une angoisse névrotique est métamorphosée en une angoisse apparemment réelle. Admettons, pour simplifier un état de choses souvent très compliqué, que l'agoraphobe ait régulièrement peur des motions de tentation qui sont éveillées en lui par les rencontres qu'il fait dans la rue. Dans sa phobie, il entreprend un déplacement et il est maintenant angoissé devant une situation extérieure. Le bénéfice qu'il en retire est manifestement qu'il estime pouvoir ainsi mieux se protéger. Face à un danger extérieur, on peut se sauver par la fuite; la tentative de fuite devant un danger interne est une entreprise ardue.

À la fin de ma conférence d'autrefois sur l'angoisse, j'ai moi-même exprimé ce jugement, que les différents résultats de notre recherche ne sont pas exactement contradictoires, mais que, d'une certaine façon, ils ne concordent pas non plus. L'angoisse est, en tant qu'état d'affect, la reproduction d'un événement ancien qui comportait une menace de danger, l'angoisse se trouve au service de l'autoconservation et est un signal d'un nouveau danger; elle naît d'une libido devenue, d'une certaine manière, inutilisable, et cela aussi dans le processus du refoulement; elle est relayée par la formation du symptôme, pour ainsi dire liée psychiquement. On sent qu'il manque ici quelque chose qui, de morceaux, ferait une unité.

Mesdames, Messieurs, cette décomposition de la personnalité psychique en un surmoi, un moi et un ça que je vous ai exposée dans la dernière conférence nous a aussi imposé une nouvelle orientation dans le problème de l'angoisse. Avec la thèse qui fait du moi le seul siège de l'angoisse, qui veut que seul le moi peut produire et ressentir de l'angoisse, nous avons pris une position nouvelle, solide, à partir de laquelle bien des situations présentent un autre aspect. Et réellement, nous ne saurions quel sens il y aurait à parler d'une « angoisse du ça » ou à attribuer au surmoi la capacité d'être anxieux. En revanche, nous avons salué comme une correspondance souhaitée le fait que les trois sortes principales d'angoisse, l'angoisse réelle, l'angoisse névrotique et l'angoisse morale se laissent rapporter si aisément aux trois relations de dépendance du moi : le monde extérieur, le ça et le surmoi. Avec cette nouvelle conception, la fonction de l'angoisse comme signal indiquant une situation dangereuse – conception qui ne nous était d'ailleurs pas étrangère auparavant – est passée au premier plan; la question de savoir de quoi l'angoisse est faite a perdu de son intérêt et les relations entre angoisse réelle et angoisse névrotique se sont éclaircies et simplifiées d'une manière surprenante. Il est du reste remarquable que nous comprenions mieux maintenant les cas apparemment compliqués de naissance de l'angoisse que ceux qui sont considérés comme simples.

Nous avons en effet examiné récemment comment l'angoisse naît dans certaines phobies que nous mettons sur le compte de l'hystérie d'angoisse, et nous avons choisi des cas où il s'agissait du refoulement typique des motions de désir provenant du complexe d'Œdipe. Selon nos prévisions, nous aurions dû trouver que c'est l'investissement libidinal de l'objet maternel qui, par suite du refoulement, se métamorphose en angoisse et apparaît alors dans l'expression symptomatique comme rattaché au substitut du père. Je ne peux pas vous exposer les différentes étapes d'un tel examen, il suffit de dire que le résultat, pour notre surprise, a été le contraire de ce que nous attendions. Ce n'est pas le refoulement qui crée l'angoisse, c'est l'angoisse qui est là la première, c'est l'angoisse qui fait le refoulement! Mais de quelle angoisse s'agit-il? Uniquement de l'angoisse devant un danger extérieur menaçant, donc d'une angoisse réelle. Il est exact que le garçon éprouve de l'angoisse devant une revendication de sa libido, dans ce cas devant l'amour qu'il ressent pour sa mère, c'est donc réellement un cas d'angoisse névrotique. Mais cet état amoureux ne lui apparaît comme un danger interne, auquel il lui faut se soustraire en renonçant à cet objet, que parce qu'il évoque une situation de danger extérieure. Et dans tous les cas que nous examinons, nous obtenons le même résultat. Reconnaissons-le, nous n'étions pas préparés à ce que le danger pulsionnel interne se révèle être une condition et une préparation d'une situation de danger extérieure, réelle.

Mais nous n'avons encore rien dit de ce danger réel que l'enfant redoute comme conséquence de son amour pour sa mère. C'est le châtiment de la castration, la perte de son membre. Naturellement, vous objecterez que ce n'est quand même pas un danger réel. Nos garçons ne sont pas castrés parce que, à la phase du complexe d'Œdipe, ils sont amoureux de leur mère. Mais la thèse que nous avançons n'est pas si facile à rejeter. Surtout, ce qui importe, ce n'est pas que la castration soit réellement pratiquée; ce qui est décisif, c'est que le danger menace de l'extérieur et que l'enfant y croit. Et il a quelque sujet de le faire, car on le menace bien souvent de lui couper le membre pendant sa phase phallique, à l'époque de son onanisme infantile, et des allusions à cette punition ont bien pu trouver chez lui un renforcement phylogénétique. Nous présumons qu'à l'ère primitive de la famille humaine, le père jaloux et cruel infligeait réellement la castration à l'adolescent, et la circoncision, qui est si fréquemment, chez les primitifs, un élément du rituel de la puberté, en serait un vestige aisément reconnaissable. Nous savons combien nous nous éloignons ainsi de l'opinion générale, mais il nous faut maintenir que l'angoisse de castration est un des moteurs les plus fréquents et les plus forts du refoulement et, par là même, de la formation des névroses. Des analyses de cas où ce n'était pas la castration mais bien la circoncision qui était pratiquée chez des garçons comme thérapie ou comme punition de l'onanisme (ce qui n'était pas si rare dans la société anglo-américaine) ont donné la dernière certitude à notre conviction. Il est très tentant d'aborder ici plus en détail le complexe de castration mais nous voulons nous en tenir à notre sujet. L'angoisse de castration n'est naturellement pas le seul motif du refoulement, elle n'a déjà pas lieu chez les femmes qui ont, certes, un complexe de castration mais ne peuvent avoir d'angoisse de la castration. À sa place survient chez l'autre sexe, l'angoisse de la perte d'amour, qui est visiblement un prolongement de l'angoisse du nourrisson quand sa mère lui manque. Vous comprenez quelle situation de danger réel cette angoisse indique. En effet, si la mère est absente ou si elle a retiré son amour à l'enfant, il n'est plus sûr de la satisfaction de ses besoins, il est peut-être exposé aux sentiments de tension les plus pénibles. N'écartez pas l'idée que ces conditions d'angoisse répètent au fond la situation de l'angoisse originaire de la naissance, qui signifiait bien, elle aussi, une séparation d'avec la mère. Si vous suivez un raisonnement de Ferenczi, vous pouvez même inclure l'angoisse de castration dans cette série, car la perte du membre viril a pour conséquence l'impossibilité d'une réunion avec la mère ou le substitut de celle-ci dans l'acte sexuel. Je vous signale en passant que le fantasme si fréquent du retour dans le sein maternel est le substitut de ce désir de coït. Il y aurait ici encore bien des choses intéressantes à relever et des relations surprenantes à rapporter, mais je ne peux pas dépasser le cadre d'une introduction à la psychanalyse. Je ne veux plus qu'attirer votre attention sur la façon dont des découvertes psychologiques vont jusqu'à rejoindre ici des faits biologiques.

Otto Rank, à qui la psychanalyse doit beaucoup de belles contributions, a aussi le mérite d'avoir expressément souligné l'importance de l'acte de la naissance et de la séparation d'avec la mère. Il est vrai que nous avons tous trouvé impossible d'admettre les conclusions extrêmes qu'il a tirées de ce facteur pour la théorie des névroses et même pour la thérapie analytique. Il avait déjà trouvé le noyau de sa doctrine, à savoir que l'expérience d'angoisse de la naissance est le prototype de toutes les situations de danger ultérieures. Si nous nous y attardons, nous pourrons dire qu'à chaque âge du développement est attribuée, comme lui étant adéquate, une condition d'angoisse déterminée et donc, une situation de danger particulière. Le danger de l'état d'impuissance à s'aider soi-même [*Hilflosigkeit*] concorde avec le stade de l'immaturité du moi en son premier âge, le danger de la perte d'objet (perte d'amour) s'accorde au manque d'indépendance des premières années d'enfance, le danger de castration à la phase phallique, enfin, l'angoisse devant le surmoi, qui occupe une place particulière, à la période de latence. Dans le cours du développement, les anciennes conditions d'angoisse devraient disparaître puisque les situations de danger qui leur correspondent sont dévaluées par le renforcement du moi. Mais ce n'est que très imparfaitement le cas. Beaucoup d'individus ne peuvent pas surmonter l'angoisse devant la perte d'amour, ils ne deviennent jamais suffisamment indépendants de l'amour des autres et persistent, sur ce point, dans leur comportement infantile. L'angoisse devant le surmoi ne doit normalement pas trouver de terme, étant donné que, comme angoisse morale, elle est indispensable dans les relations sociales et que l'individu ne peut devenir indépendant de la communauté humaine que dans les cas les plus rares. Certaines des anciennes situations de danger s'entendent aussi à se perpétuer jusqu'à des époques tardives, en modifiant, conformément au temps, leurs conditions d'angoisse. C'est ainsi, par exemple, que le danger de castration se maintient sous le masque de la syphilophobie. Devenu adulte, on sait, il est vrai, que la castration n'est plus en usage comme punition du libre cours laissé aux appétits sexuels; en revanche, on a appris qu'une telle liberté pulsionnelle est menacée par de graves maladies. Il n'y a pas de doute que les personnes que nous appelons névrosées restent infantiles dans leur comportement vis-à-vis du danger et qu'elles n'ont pas surmonté des conditions d'angoisse périmées. Admettons cela comme une contribution effective à notre caractérisation des névrosés; pourquoi en est-il ainsi? Il n'est pas si facile de le dire.

J'espère que vous n'avez pas perdu la vue d'ensemble du sujet et que vous savez encore que nous sommes en train d'examiner les relations entre l'angoisse et le refoulement. Nous avons, ce faisant, appris deux choses nouvelles : premièrement, que c'est l'angoisse qui produit le refoulement et non, comme nous le pensions, l'inverse, et qu'une situation pulsionnelle redoutée remonte, au fond, à une situation de danger extérieur. La question suivante sera : comment nous représenter maintenant le processus d'un refoulement sous l'influence de l'angoisse ? Voici ce que je pense : le moi remarque que la satisfaction d'une revendication pulsionnelle émergeante susciterait une des situations de danger dont il se souvient bien. Il faut donc que cet investissement pulsionnel soit, d'une manière quelconque, réprimé, aboli, rendu impuissant. Le moi, nous le savons, réussit cette tâche quand il est fort et qu'il a inclus dans son organisation la motion pulsionnelle en question. Mais le cas du refoulement est que la motion pulsionnelle appartient encore au ça et que le moi se sent faible. Le moi s'aide alors par une technique qui est au fond identique à celle de la pensée normale. Penser c'est agir à titre d'essai, avec de petites quantités d'énergie ; cela se compare aux déplacements de petites figures sur la carte, avant que le général ne mette ses troupes en mouvement. Le moi anticipe donc la satisfaction de la motion pulsionnelle scabreuse et lui permet de reproduire les sensations de déplaisir qui se trouvent au commencement de la situation de danger redoutée. Ainsi est mis en jeu l'automatisme du principe de plaisir-déplaisir qui accomplit alors le refoulement de la motion pulsionnelle dangereuse.

Halte, me crierez-vous ; nous ne pouvons pas vous suivre ! Vous avez raison, il me faut encore ajouter un certain nombre de choses avant que tout cela puisse vous paraître acceptable. D'abord je dois avouer que j'ai essayé de traduire dans la langue de notre pensée normale ce qui doit être, en réalité, un processus certainement non conscient ou préconscient ayant lieu entre des quanta d'énergie sur un substrat qu'on ne peut se représenter. Mais ce n'est pas une objection forte, car on ne peut pas faire autrement. Il est plus important que nous distinguions clairement ce qui se passe, lors du refoulement, dans le moi et ce qui se passe dans le ça. Ce que fait le moi, nous venons de le dire. Il applique un investissement d'essai et éveille l'automatisme plaisir-déplaisir par le signal d'angoisse. Dès lors, plusieurs réactions sont possibles ou un mélange d'entre elles dans des proportions variables. Ou bien l'accès d'angoisse est pleinement développé et le moi se retire entièrement de l'excitation inconvenante, ou bien il lui oppose, à la place de l'investissement d'essai, un contre-investissement et ce dernier se réunit avec l'énergie de la motion refoulée pour former le symptôme, ou il est admis dans le moi comme formation réactionnelle, comme renforcement de dispositions déterminées, comme modification durable. Plus le développement d'angoisse peut être limité à un simple signal, plus le moi consacre [d'énergie] aux réactions de défense qui équivalent à une liaison psychique du refoulé et plus le processus se rapproche aussi d'une élaboration normale, sans toutefois l'atteindre. Arrêtons-nous un instant sur ce point. Vous avez certainement déjà pensé vous-mêmes que cette chose difficilement définissable qu'on appelle le *caractère* doit être entièrement attribuée au moi. Nous avons déjà saisi au passage un certain nombre de choses qui créent ce caractère. Avant tout, l'incorporation de l'instance parentale des premières années en tant que surmoi, qui en constitue sans doute la partie la plus importante, la plus décisive; ensuite les identifications avec les deux parents au cours de l'époque ultérieure ainsi qu'avec d'autres personnes influentes, et les mêmes identifications en tant que précipités de relations d'objet abandonnées. Ajoutons-y maintenant, comme contributions qui ne manquent jamais à la formation du caractère, les formations réactionnelles que le moi acquiert d'abord dans ses refoulements, et plus tard en rejetant des motions pulsionnelles non désirées, par des moyens plus normaux.

Revenons maintenant en arrière et tournons-nous vers le ça. Ce qu'il advient, lors du refoulement, de la motion pulsionnelle combattue n'est plus aussi facile à deviner. Notre intérêt demande, en effet, principalement : que se passe-t-il avec l'énergie, la charge libidinale de cette excitation, comment est-elle employée ? Vous vous en souvenez : la première hypothèse était de supposer que c'était précisément elle qui se trouvait métamorphosée en angoisse par le refoulement. Cela nous n'osons plus le dire ; notre réponse sera modeste, nous dirons plutôt : il est vraisemblable que son destin n'est pas chaque fois le même. Il est vraisemblable qu'il existe une correspondance intime, à propos de la motion refoulée, entre le processus qui a lieu dans le moi et celui qui a lieu dans le ça, correspondance qui devrait nous être révélée. En effet, depuis que nous avons fait intervenir dans le refoulement le principe de plaisir-déplaisir, qui est éveillé par le signal d'angoisse, nous pouvons modifier nos prévisions. Ce principe régit sans restriction les processus ayant lieu dans le ça. Nous pouvons le croire capable de réaliser des modifications très profondes sur la motion pulsionnelle en question. Nous nous attendons à ce que les résultats du refoulement soient très différents, de plus ou moins grande portée. Dans certains cas, la motion pulsionnelle refoulée peut conserver son investissement libidinal, persister, inaltérée, dans le ça, bien que sous la pression constante du moi. D'autres fois il arrive, semble-t-il, qu'elle subisse une destruction complète, au cours de laquelle sa libido est dérivée définitivement vers d'autres voies. J'ai pensé que cela se passait ainsi pour la liquidation normale du complexe d'Œdipe qui, dans ce cas souhaitable, n'est donc pas simplement refoulé mais détruit dans le ça[a]. En outre, l'expérience clinique nous a montré que dans beaucoup de cas il se produit, au lieu du résultat habituel du refoulement, un rabaissement de la libido, une régression de l'organisation libidinale à un stade antérieur. Cela ne peut, naturellement, avoir lieu que dans le ça, et si cela se produit, c'est alors sous l'influence du même conflit que celui qui est introduit par le signal d'angoisse. L'exemple le plus frappant de ce genre est fourni par la névrose obsessionnelle, où régression libidinale et refoulement agissent de concert.

Mesdames, Messieurs, je crains que ces communications ne vous paraissent difficiles à comprendre, et vous devinez qu'elles ne sont pas exposées de façon exhaustive. Je regrette de devoir provoquer votre mécontentement. Mais je ne puis me fixer d'autre but que de vous donner une impression de la nature de nos résultats et des difficultés que nous rencontrons pour y parvenir. Plus nous pénétrons profondément dans l'étude des processus psychiques, plus nous reconnaissons leur richesse et leur intrication. Plus d'une formule simple qui nous semblait au début adéquate s'est révélée par la suite insuffisante. Nous ne nous lassons pas de les modifier et de les améliorer. Dans la conférence sur la théorie du rêve, je vous ai conduits dans un domaine où, en quinze ans, il n'y a guère eu de nouvelle découverte ; ici, où nous traitons de l'angoisse, vous voyez que tout est en évolution, en mutation. Ces nouveaux apports n'ont d'ail-

---

a. Cf. *La Disparition du complexe d'Œdipe* (1924).

leurs pas encore été élaborés à fond; c'est peut-être aussi pour cette raison que leur exposé nous cause des difficultés. Tenez bon, nous pourrons bientôt quitter le thème de l'angoisse; je n'affirme pas qu'il sera alors liquidé à notre satisfaction. Mais nous avons quand même, espérons-le, avancé un petit peu. Et, chemin faisant, nous avons acquis toutes sortes de nouveaux aperçus. C'est ainsi que nous sommes maintenant amenés, par l'étude de l'angoisse, à ajouter un nouveau trait à notre description du moi. Nous avons dit que le moi est faible face au ça, qu'il est son fidèle serviteur, appliqué à exécuter ses ordres, à satisfaire ses exigences. Nous ne songeons pas à retirer cette proposition. Mais d'un autre côté, ce moi est malgré tout la partie du ça la mieux organisée, la partie orientée vers la réalité. Il ne faudrait pas trop exagérer la séparation des deux, ni non plus être surpris s'il revenait au moi, de son côté, une influence sur les processus qui ont lieu dans le ça. Je veux dire que le moi exerce cette influence en mettant en activité, au moyen du signal d'angoisse, le principe presque tout-puissant de plaisir-déplaisir. Certes, immédiatement après, il montre à nouveau sa faiblesse car, par l'acte du refoulement, il renonce à un morceau de son organisation et il doit tolérer que la motion pulsionnelle refoulée reste continuellement soustraite à son influence.

Et maintenant, juste une remarque encore, sur le problème de l'angoisse. L'angoisse névrotique s'est transformée, sous nos mains, en angoisse réelle, en angoisse devant des situations déterminées de danger extérieur. Cependant on ne peut en rester là, il nous faut faire un pas de plus, mais qui sera un pas en arrière. Nous nous demanderons : quelle est en fait la chose dangereuse, redoutée, dans une telle situation de danger? Manifestement pas le dommage infligé à l'individu jugé d'un point de vue objectif, dommage qui peut très bien ne rien signifier du tout sur le plan psychologique – mais ce qui est causé par lui dans la vie psychique. La naissance par exemple, notre prototype de l'état d'angoisse, ne peut guère être considérée en soi comme un dommage, bien qu'elle puisse comporter le danger de certains dommages. L'essentiel dans la naissance, comme dans toute situation de danger, c'est qu'elle provoque, dans le vécu psychique, un état d'excitation et de tension qui est ressenti comme déplaisir et dont on ne peut se rendre maître par une décharge. Si nous appelons un état comme celui-ci, devant lequel les efforts du principe de plaisir échouent, un facteur *traumatique* nous arrivons, en passant par la série angoisse névrotique – angoisse réelle – situation de danger, à cette proposition simple : ce qui est redouté, l'objet de l'angoisse, est, à chaque fois, l'apparition d'un facteur traumatique qui ne peut être liquidé selon la norme du principe de plaisir. Nous comprenons aussitôt que par ce que nous donne le principe de plaisir, nous n'avons pas été assurés contre des dommages objectifs mais seulement contre un dommage déterminé de notre économie psychique. Du principe de plaisir à la pulsion d'autoconservation, le chemin est encore long, il s'en faut de beaucoup que leurs desseins coïncident dès le début. Mais nous voyons encore autre chose, peut-être est-ce là la solution que nous cherchons. À savoir qu'il s'agit ici partout de la question des quantités relatives. C'est seulement la grandeur de la somme d'excitation qui fait, d'une impression, un facteur traumatique, qui paralyse l'action du principe de plaisir, qui donne sa portée à la situation de danger. Et s'il en est ainsi, si ces énigmes sont dissipées par une proposition aussi prosaïque, pourquoi ne serait-il pas possible que de tels facteurs traumatiques se constituent dans la vie psychique sans relations avec ce qui est tenu pour des situations de danger, où par conséquent l'angoisse n'est pas éveillée comme un signal, mais surgit à nouveau avec une motivation nouvelle? L'expérience clinique dit avec certitude qu'il en est réellement ainsi. Seuls les refoulements plus tardifs font apparaître le mécanisme que nous avons décrit, où l'angoisse est éveillée comme signal d'une ancienne situation de danger; les premiers refoulements, les refoulements originaires se constituent directement à la rencontre du moi avec une revendication libidinale excessive, issue de facteurs traumatiques; ils forment leur angoisse de manière nouvelle, sur le modèle de la naissance, il est vrai. Il peut en aller de même pour le développement d'angoisse dans la névrose d'angoisse, par une lésion[a] somatique de la fonction sexuelle. Nous n'affirmerons plus que c'est la libido elle-même qui est alors transformée en angoisse. Mais je ne vois pas d'objection à une double origine de l'angoisse, tantôt comme conséquence directe du facteur traumatique, tantôt comme signal indiquant qu'il y a menace de réapparition d'un tel facteur.

Mesdames, Messieurs, vous allez être contents d'entendre qu'il n'y aura plus rien sur l'angoisse. Mais vous n'y gagnerez rien, ce qui suit ne vaut pas mieux. Je me propose de vous conduire aujourd'hui encore dans le domaine de la théorie de la libido ou doctrine des pulsions, dans laquelle bien des choses ont également reçu une nouvelle forme. Je ne dirai pas que nous avons fait de grands progrès en cette matière, au point que

---

a. *Schädigung*, que nous avons traduit ci-dessus par « dommage ».

vous soyez récompensés de chacun de vos efforts pour en prendre connaissance. Non, c'est un champ où nous luttons péniblement pour nous orienter et faire des découvertes ; vous n'aurez qu'à être témoins de notre effort. Ici aussi, il faut que je revienne sur certaines choses que je vous ai exposées auparavant.

La théorie des pulsions est, pour ainsi dire, notre mythologie. Les pulsions sont des êtres mythiques, formidables dans leur imprécision. Nous ne pouvons dans notre travail faire abstraction d'eux un seul instant et cependant nous ne sommes jamais certains de les voir nettement. Vous savez comment la pensée populaire s'explique les pulsions. On postule simplement des pulsions aussi nombreuses et diverses qu'il est besoin — une pulsion de valorisation, d'imitation, de jeu, de sociabilité et beaucoup d'autres encore. On les accueille pour ainsi dire, on laisse faire à chacune son travail particulier et on les recongédie ensuite. Nous avons toujours eu le pressentiment que derrière ces nombreuses petites pulsions d'emprunt se cache quelque chose de sérieux et de puissant dont nous voudrions nous approcher prudemment. Notre premier pas a été bien modeste. Nous nous sommes dit qu'on ne se trompait vraisemblablement pas en distinguant d'abord deux pulsions principales, deux sortes de pulsions ou groupes de pulsions, d'après les deux grands besoins que sont la faim et l'amour. Aussi jalousement que nous défendions d'ordinaire l'indépendance de la psychologie par rapport à toute autre science, on se trouve ici dans l'ombre de ce fait biologique inébranlable que l'individu vivant sert deux intentions : l'autoconservation et la conservation de l'espèce, intentions qui semblent indépendantes l'une de l'autre, qui n'ont pas encore, à notre connaissance, trouvé de dérivation commune, dont les intérêts s'opposent souvent dans la vie animale. En fait, pensions-nous, il s'agissait ici de psychologie biologique, on étudiait des phénomènes psychiques concomitants de processus biologiques. Comme représentants [*Vertreter*] de cette conception les « pulsions du moi » et les « pulsions sexuelles » ont fait leur entrée en psychanalyse. Au nombre des premières, nous avons compté tout ce qui a affaire avec la conservation, l'affirmation, l'agrandissement de la personne. Aux dernières, il nous a fallu prêter la richesse de contenu qu'exigent la vie sexuelle infantile et la vie sexuelle perverse. Étant donné que, dans l'examen des névroses, nous avions appris à connaître le moi comme la puissance restrictive, refoulante, les aspirations sexuelles comme ce qui était restreint, refoulé, nous avons cru toucher du doigt non seulement la diversité mais aussi le conflit entre les deux groupes de pulsions. L'objet de notre étude a été d'abord uniquement les pulsions sexuelles, dont nous avons appelé l'énergie « libido ». Sur elles, nous avons essayé de clarifier nos représentations de ce qu'est une pulsion et de ce qu'on peut lui attribuer. C'est ici que se place la théorie de la libido.

Une pulsion se distingue donc d'une stimulation en ce qu'elle provient de sources de stimulation à l'intérieur du corps, qu'elle agit comme une force constante et que l'individu ne peut pas se soustraire à elle par la fuite, comme c'est possible pour la stimulation extérieure. Dans la pulsion, on peut distinguer la source, l'objet et le but. La source est un état d'excitation dans le corporel, le but, l'abolition de cette excitation ; sur le trajet de la source au but, la pulsion devient psychiquement active. Nous la représentons comme un certain quantum d'énergie, qui pousse vers une direction déterminée. C'est de cette poussée qu'elle tient son nom de pulsion. On parle de pulsions actives et passives ; on devrait dire, plus exactement, buts pulsionnels actifs et passifs ; pour atteindre un but passif, il faut aussi une dépense d'activité. Le but peut être atteint sur le propre corps du sujet ; en règle générale, un objet extérieur est interposé, sur lequel la pulsion atteint son but extérieur ; son but intérieur reste, à chaque fois, la modification du corps ressentie comme satisfaction. Nous n'avons pu tirer au clair si la relation à la source somatique confère une spécificité à la pulsion et laquelle. Que des motions pulsionnelles venues d'une source se joignent à des motions venues d'autres sources et partagent leur destin ultérieur, qu'une satisfaction pulsionnelle puisse même être remplacée par une autre : ce sont là, d'après le témoignage de l'expérience analytique, des faits indubitables. Avouons seulement que nous ne les comprenons pas spécialement bien. La relation de la pulsion au but et à l'objet admet, elle aussi, des modifications, tous deux peuvent être échangés contre d'autres ; la relation à l'objet est, quoi qu'il en soit, plus facile à relâcher. Nous distinguons sous le nom de *sublimation* un certain genre de modification du but et de changement de l'objet où notre évaluation sociale entre en ligne de compte. En outre, nous avons encore des raisons pour distinguer des pulsions *inhibées quant au but,* des motions pulsionnelles venues de sources bien connues, ayant un but non équivoque, mais qui s'arrêtent sur le chemin de la satisfaction, de sorte qu'il s'établit un investissement d'objet permanent et une tendance durable. C'est de ce genre qu'est, par exemple, la relation de tendresse, qui provient indubitablement des sources de la nécessité sexuelle et renonce régulièrement à la satisfaction de celle-ci. Vous voyez tout ce qui, des caractères et des destins des pulsions, se soustrait encore à notre compréhension; nous devrions, ici aussi, nous souvenir d'une différence qui se manifeste entre pulsions sexuelles et pulsions d'autoconservation et qui, théoriquement, serait de la plus haute importance, si elle concernait le groupe entier. Les pulsions sexuelles nous frappent par leur plasticité, leur capacité de changer leurs buts, par leur faculté de se faire représenter [*Vertretbarkeit*], dans la mesure où une satisfaction pulsionnelle se laisse remplacer par une autre, et par leur faculté d'être différées, ce dont les pulsions inhibées quant au but nous ont justement donné un bon exemple. Nous voudrions bien contester ces qualités aux pulsions d'autoconservation et dire d'elles qu'elles sont inflexibles, incapables d'être différées, impératives d'une tout autre façon et qu'elles ont un rapport tout autre au refoulement comme à l'angoisse. Mais à la réflexion nous voyons que cette position d'exception ne revient pas à toutes les pulsions du moi, mais seulement à la faim et à la soif et qu'elle est manifestement fondée par une particularité des sources pulsionnelles. Une bonne part de cette impression déconcertante provient encore du fait que nous n'avons pas examiné séparément quelles modifications subissent les motions pulsionnelles appartenant initialement au ça sous l'influence du moi organisé.

Nous nous mouvons sur un terrain plus solide si nous examinons de quelle façon la vie pulsionnelle sert la fonction sexuelle. Ici, nous avons acquis des aperçus tout à fait décisifs, qui, pour vous aussi, ne sont plus nouveaux. Les choses ne sont donc pas telles qu'on reconnaisse une pulsion sexuelle qui, dès le début, porte l'aspiration au but de la fonction sexuelle, à la réunion des deux cellules sexuelles. Nous voyons, au contraire, un grand nombre de pulsions partielles, provenant de différents endroits et parties du corps, qui tendent à la satisfaction de façon assez indépendante les unes des autres, et trouvent cette satisfaction dans quelque chose que nous pouvons appeler le *plaisir d'organe*. Les organes génitaux sont les plus tardives de ces *zones érogènes ;* à leur plaisir d'organe, on ne refusera plus le nom de plaisir *sexuel*. Ces motions aspirant au plaisir ne sont pas toutes admises dans l'organisation finale de la fonction sexuelle. Certaines d'entre elles sont éliminées comme inutilisables, par refoulement ou d'une autre façon, quelques-unes sont détournées de leur but – de la façon curieuse que j'ai mentionnée tout à l'heure – et employées au renforcement d'autres motions, d'autres encore sont conservées dans les rôles secondaires, servent à l'exécution d'actes préliminaires, à la création de plaisir préliminaire. Vous savez déjà que dans ce développement qui s'étend sur une longue période, on peut reconnaître plusieurs phases d'une organisation provisoire et aussi comment, par cette histoire de la fonction sexuelle, s'expliquent ses aberrations et ses atrophies. La première de ces phases *prégénitales,* nous l'appelons phase *orale* parce que, conformément à la manière dont le nourrisson est nourri, la zone érogène de la bouche domine aussi ce qu'il est permis d'appeler l'activité sexuelle de cette période de la vie. À un second stade, ce sont les impulsions *sadiques* et *anales* qui se poussent au premier plan, en connexion certainement avec l'apparition des dents, le renforcement de la musculature et la maîtrise des fonctions sphinctériennes. Nous avons appris sur ce stade du développement beaucoup de choses intéressantes. En troisième lieu apparaît la phase *phallique* où, pour les deux sexes, le membre viril et ce qui lui correspond chez la petite fille acquièrent une importance que l'on ne peut plus ignorer. Nous avons réservé le nom de phase *génitale* à l'organisation sexuelle définitive qui s'établit après la puberté, où l'organe génital féminin trouve la reconnaissance que l'organe masculin avait acquise depuis longtemps.

Tout cela n'est que redite sans grand intérêt. Et ne croyez pas que ce que je n'ai pas mentionné ici ait perdu sa valeur. Cette répétition était nécessaire pour y rattacher l'exposé des progrès réalisés dans nos aperçus. Nous pouvons nous vanter d'avoir appris beaucoup de choses nouvelles précisément sur les organisations premières de la libido, et d'avoir plus clairement saisi la portée de ce que nous savions déjà; c'est ce que je veux vous montrer au moins sur quelques exemples. Abraham a mis en évidence, en 1924, qu'on peut distinguer deux stades dans la phase sadique-anale. Au premier, ce sont les tendances destructives qui visent à anéantir et à perdre qui prédominent; au stade ultérieur, les tendances amies de l'objet, qui visent à conserver et à posséder. C'est donc au milieu de cette phase qu'apparaît pour la première fois la prise en considération de l'objet en tant que précurseur d'un investissement amoureux ultérieur. Il est également justifié de supposer une telle subdivision dans la première phase, orale. Au premier sous-stade il ne s'agit que de l'incorporation orale, il manque aussi toute ambivalence dans la relation à l'objet sein maternel. Le deuxième stade, qui se distingue par l'apparition de l'activité de morsure, peut être désigné comme stade sadique-oral; il présente pour la première fois les manifestations de l'ambivalence qui deviendront beaucoup plus nettes à la phase suivante, sadique-anale. La valeur de ces nouvelles distinctions apparaît particulièrement quand, pour des névroses déterminées – névrose obsessionnelle, mélancolie –, on recherche les lieux de disposition [a] dans le développement de la libido. Remettez-vous ici en mémoire ce que nous avons appris sur la connexion entre fixation de la libido, disposition et régression [b].

Notre attitude sur les phases de l'organisation libidinale s'est d'ailleurs quelque peu déplacée. Si, naguère, nous soulignions surtout la façon dont l'une disparaît devant l'autre, notre attention va maintenant aux faits que nous montre tout ce qui – à côté des structures ultérieures et derrière elles – subsiste de chaque phase précédente et acquiert une représentation [*Vertretung*] permanente dans l'économie de la libido et dans le caractère de l'individu. Certaines études ont été encore plus importantes. Elles nous ont enseigné combien il est fréquent, dans des conditions pathologiques, qu'il se produise des régressions à des phases antérieures et nous ont appris que certaines régressions sont caractéristiques de certaines formes de maladie. Mais je ne peux traiter de cela ici. Un tel exposé aurait sa place dans une psychologie des névroses.

Nous avons pu étudier les transpositions pulsionnelles et les processus similaires tout particulièrement dans l'érotisme anal, dans les excitations venues des sources de la zone érogène anale, et nous avons été surpris de voir la diversité des utilisations auxquelles ces motions pulsionnelles sont amenées. Il n'est peut-être pas facile de se libérer du mépris qui, dans le cours du développement, a frappé cette zone. Laissons donc Abraham nous rappeler que l'anus correspond embryologiquement

---

a. Les lieux où, dans le développement de la libido, se forme par fixation une disposition à une certaine forme de névrose.
b. Cf. *Conférences d'introduction*, XXII.

à la bouche originaire, laquelle est descendue jusqu'au bout de l'intestin. Nous apprenons ensuite qu'avec la dépréciation par le sujet de sa propre ordure, de ses excréments, cet intérêt pulsionnel de source anale passe à des objets qui peuvent être donnés en *cadeau*. Et cela à juste titre, car l'ordure a été le premier cadeau que le nourrisson pouvait faire, dont il s'est dessaisi par amour pour celle qui prend soin de lui. Par la suite, de façon tout à fait analogue au changement de signification [a] dans le développement du langage, cet intérêt ancien pour l'ordure se transpose en valeur attachée à l'or et à l'argent, mais livre aussi sa contribution à l'investissement affectif de l'*enfant* et du *pénis*. Selon la conviction de tous les enfants, qui s'en tiennent longtemps à la théorie cloacale, l'enfant naît comme un morceau d'ordure sorti de l'intestin; la défécation est le modèle de l'acte de naître. Mais le pénis aussi a son précurseur dans la colonne fécale qui remplit et stimule le tube muqueux de l'intestin. Quand l'enfant a, de bien mauvaise grâce, pris connaissance du fait qu'il y a des créatures humaines qui ne possèdent pas ce membre, le pénis lui apparaît comme quelque chose qui est détachable du corps. Il prend alors une analogie indéniable avec l'excrément qui a été le premier morceau de matière corporelle auquel il a fallu renoncer. Une grande part d'érotisme anal est ainsi reportée en investissement du pénis mais l'intérêt porté à cette partie du corps a, mise à part la racine érotique anale, une racine orale peut-être plus puissante encore car après la cessation de l'allaitement, le pénis hérite aussi du mamelon de l'organe maternel.

Il est impossible de se retrouver dans les fantasmes,

---

a. Du mot cadeau.

Angoisse et vie pulsionnelle

les idées subites influencées par l'inconscient et dans le langage symptomatique de l'individu, si on ne connaît pas ces relations situées dans les profondeurs. Ordure – argent – cadeau – enfant – pénis sont traités ici comme des synonymes, et représentés [*vertreten*] aussi par des symboles communs. N'oubliez pas non plus que je n'ai pu vous faire que des communications très incomplètes. Je puis peut-être ajouter en passant que l'intérêt qui s'éveille plus tard pour le vagin a lui aussi principalement une origine érotique anale. Il n'y a là rien de surprenant car le vagin lui-même est, selon un mot heureux de Lou Andreas-Salomé, « loué » au rectum ; dans la vie des homosexuels, qui n'ont pas participé à une certaine partie du développement sexuel, il est d'ailleurs aussi représenté [*vertreten*] par ce dernier. Dans les rêves survient fréquemment un lieu qui était auparavant un seul espace et qui est maintenant partagé en deux par une cloison, ou aussi inversement. Par là, c'est toujours le rapport du vagin à l'intestin qui est signifié. Nous pouvons bien suivre aussi comment, chez la petite fille, le désir, qui n'a absolument rien de féminin, de la possession d'un pénis, se transforme normalement en désir d'un enfant, puis d'un homme comme porteur du pénis et donateur de l'enfant, de sorte qu'on peut voir là aussi comment une portion d'intérêt originellement érotique-anal parvient à être admise dans l'organisation génitale ultérieure.

Au cours de telles études sur les phases prégénitales de la libido, nous sommes parvenus aussi à quelques nouveaux aperçus sur la formation du caractère. Notre attention a été attirée sur une triade de qualités qui se trouvent réunies assez régulièrement : l'ordre, l'économie et l'entêtement, et nous avons déduit de l'analyse de ce genre de personnes que ces qualités sont issues de l'absorption et d'une utilisation différente de leur érotisme anal. Nous parlons donc d'un caractère *anal*, là où nous trouvons cette réunion sous une forme frappante, et nous mettons le caractère anal dans une certaine opposition avec l'érotisme anal qui n'a pas été élaboré [*unaufgearbeitet*]. Nous avons trouvé une relation similaire, peut-être plus solide encore, entre l'ambition et l'érotisme urétral. Nous avons tiré une allusion curieuse à cette relation de la légende selon laquelle Alexandre le Grand naquit la nuit même où un certain Érostrate, par vain désir de gloire, mit le feu au temple si admiré d'Artémis à Éphèse. C'est à croire qu'une pareille relation n'était pas restée inconnue des Anciens! Vous savez à quel point le fait d'uriner est en rapport avec le feu et l'extinction du feu. Naturellement, nous nous attendons à ce que d'autres traits de caractère se révèlent de façon similaire comme des précipités ou des formations réactionnelles d'organisations libidinales prégénitales déterminées, mais nous ne pouvons pas encore le démontrer.

Il est temps pour moi de revenir en arrière aussi bien dans l'histoire que dans mon sujet et de reprendre les problèmes les plus généraux de la vie pulsionnelle. À la base de notre théorie de la libido il y avait d'abord l'opposition entre pulsions du moi et pulsions sexuelles. Quand nous avons commencé, plus tard, à étudier de plus près le moi lui-même et que nous avons appréhendé le point de vue du narcissisme, cette distinction même perdit son fondement. Dans de rares cas on peut reconnaître que le moi se prend lui-même pour objet, se comporte comme s'il était amoureux de lui-même. D'où le *narcissisme*, nom emprunté à la légende grecque. Mais ce n'est là que l'exagération extrême d'un état de choses normal. On apprend à comprendre que le moi est toujours le réservoir principal de la libido, d'où émanent les investissements libidinaux des objets, et où ils retournent, pendant que la majeure partie de cette libido demeure constamment dans le moi. De la libido du moi est ainsi transformée sans cesse en libido d'objet et de la libido d'objet en libido du moi. Mais alors toutes deux ne peuvent être différentes par nature, il n'y a pas de sens de séparer l'énergie de l'une de l'énergie de l'autre, on peut laisser tomber le terme de libido ou l'utiliser simplement comme synonyme d'énergie psychique.

Nous ne sommes pas demeurés longtemps sur cette position. Le pressentiment d'une opposition à l'intérieur de la vie pulsionnelle a bientôt trouvé une autre expression, encore plus tranchée. Mais je n'envisage pas de développer devant vous cette nouveauté dans la théorie des pulsions; elle aussi repose, pour l'essentiel, sur des considérations biologiques; je vais vous la présenter comme un produit fini. Nous supposons qu'il y a deux sortes essentiellement différentes de pulsions : les pulsions sexuelles, comprises dans le sens le plus large, l'*Éros,* si vous préférez cette dénomination, et les *pulsions d'agression,* dont le but est la destruction. En entendant les choses ainsi, vous ne leur accorderez guère la valeur d'une nouveauté; cela semble un essai de transfiguration théorique de l'opposition banale entre aimer et haïr, qui coïncide peut-être avec cette autre polarité de l'attirance et de la répulsion que la physique postule pour le monde inorganique. Mais il est curieux que cette hypothèse soit quand même ressentie par beaucoup comme une innovation et une nouveauté très peu souhaitable, qui devrait être éliminée le plus vite possible. Je suppose qu'un puissant facteur affectif s'affirme dans ce rejet. Pourquoi nous a-t-il fallu à nous-même si longtemps avant de nous décider à reconnaître une pulsion d'agression, pourquoi n'avoir pas utilisé sans hésitation, pour la théorie, des faits qui sont exposés au grand jour et connus de tout le monde? Sans doute se heurterait-on à peu de résistance si l'on voulait attribuer aux animaux une pulsion ayant un tel but. Mais l'accueillir dans la constitution humaine paraît sacrilège, cela contredit trop de postulats religieux et de conventions sociales. Non, l'être humain doit être, par nature, bon ou du moins bienveillant. S'il se montre à l'occasion brutal, violent, cruel, ce sont là des perturbations passagères de sa vie affective, la plupart du temps provoquées, peut-être uniquement la conséquence des systèmes sociaux impropres qu'il s'est donnés jusqu'à présent.

Malheureusement ce que nous rapporte l'histoire et ce que nous avons vécu nous-mêmes ne parle pas en ce sens mais justifie plutôt le jugement selon lequel la croyance en la « bonté » de la nature humaine est une de ces méchantes illusions dont les hommes attendent un embellissement et un allégement de leur vie, alors qu'elles ne lui apportent en réalité que dommage. Nous n'avons pas besoin de poursuivre cette polémique, car ce n'est pas à cause des enseignements de l'histoire et de l'expérience de la vie que nous avons recommandé l'hypothèse d'une pulsion particulière d'agression et de destruction chez l'être humain, mais cela s'est fait sur la base de considérations générales auxquelles nous a conduits l'appréciation des phénomènes du *sadisme* et du *masochisme*. Vous savez que nous parlons de sadisme quand la satisfaction sexuelle est attachée à la condition que l'objet sexuel subisse des souffrances, des mauvais traitements et des humiliations, de masochisme, quand existe le besoin d'être soi-même cet objet maltraité. Vous savez aussi qu'une certaine adjonction de ces deux aspirations entre dans la relation sexuelle normale et que nous les appelons perversions quand elles repoussent les autres buts sexuels et mettent à la place les leurs propres. Il ne vous aura sans doute pas échappé, non plus, que le sadisme entretient une relation plus intime avec la masculinité, le masochisme, avec la féminité, comme s'il existait ici une relation secrète, bien que je doive vous dire tout de suite que nous ne sommes pas arrivés plus loin dans cette voie. Pour la théorie de la libido, sadisme et masochisme sont tous deux des phénomènes fort énigmatiques, tout particulièrement le masochisme, et il est dans l'ordre des choses que ce qui a constitué pour une théorie sa pierre d'achoppement doive fournir la pierre angulaire de celle qui la remplace.

Nous pensons donc qu'avec le sadisme et le masochisme, nous sommes en présence de deux excellents exemples du mélange des deux sortes de pulsions, de l'Éros avec l'agressivité, et nous faisons maintenant l'hypothèse que ce rapport est exemplaire, que toutes les motions pulsionnelles que nous pouvons étudier consistent en de tels mélanges ou alliages des deux sortes de pulsions. Naturellement, dans les rapports de mélange les plus variés. Ce sont les pulsions érotiques qui introduiraient, dans le mélange, la diversité de leurs buts sexuels, tandis que les autres n'admettraient que des atténuations et des gradations décroissantes dans leur tendance monotone. Par cette hypothèse, nous avons ouvert la perspective à des investigations qui pourront revêtir un jour une grande importance pour la compréhension de processus pathologiques. Car des mélanges peuvent aussi se désagréger et on peut attendre de telles désunions de pulsions les plus graves conséquences pour la fonction. Mais ces points de vue sont encore trop nouveaux. Personne n'a jusqu'à présent essayé de les exploiter dans le travail.

Nous revenons au problème particulier que nous pose le masochisme. Si nous faisons abstraction, pour l'instant, de sa composante érotique, il est pour nous le garant de l'existence d'une aspiration qui a pour but l'autodestruction. S'il est vrai aussi pour la pulsion de destruction, que le moi – mais nous pensons ici bien plutôt au ça, à la personne entière – renferme initialement en lui toutes les motions pulsionnelles, il en résulte que le masochisme est plus ancien que le sadisme, le sadisme étant une pulsion de destruction tournée au-dehors, laquelle acquiert ainsi le caractère de l'agression. Une quantité donnée de la pulsion de destruction initiale peut encore demeurer au-dedans; il semble que notre perception ne peut s'en saisir qu'aux deux conditions suivantes : si elle se lie à des pulsions érotiques orientées vers le masochisme, ou si elle se tourne comme agression – avec une adjonction érotique plus ou moins grande – contre le monde extérieur. Nous entrevoyons alors la portée de la possibilité que l'agression ne puisse pas trouver de satisfaction dans le monde extérieur, parce qu'elle se heurte à des obstacles réels. En ce cas elle va peut-être reculer, augmenter la quantité d'autodestruction régnant au-dedans. Nous apprendrons que les choses se passent réellement ainsi, et que ce processus est très important. Une agression empêchée semble signifier un grave dommage; tout se passe comme si nous devions détruire d'autres choses et d'autres êtres, pour ne pas nous détruire nous-mêmes, pour nous préserver de la tendance à l'autodestruction. Voilà assurément une triste révélation pour le moraliste!

Mais le moraliste se consolera longtemps encore en taxant d'invraisemblance nos spéculations. Singulière pulsion que celle qui s'occupe de la destruction de son propre foyer organique! Les poètes parlent, il est vrai, de ce genre de choses, mais les poètes sont irresponsables, ils jouissent du privilège de la licence poétique. Certes, des représentations similaires ne sont pas étrangères non plus à la physiologie, par exemple celle de la muqueuse stomacale qui se digère elle-même. Mais il faut reconnaître que notre pulsion d'autodestruction a besoin d'un appui plus large. On ne peut risquer une hypothèse d'une telle portée uniquement parce que quelques pauvres fous ont attaché leur satisfaction sexuelle à une condition singulière. Je pense qu'une étude approfondie des pulsions nous fournira ce dont nous avons besoin. Les pulsions ne régissent pas seulement la vie psychique, mais aussi la vie végétative et ces pulsions organiques font apparaître un trait de caractère qui mérite notre plus grand intérêt. Nous ne pourrons juger que plus tard si c'est un caractère général des pulsions. Elles se révèlent en effet comme un effort pour rétablir un état antérieur. Nous pouvons supposer qu'à partir du moment où un tel état, une fois atteint, a été perturbé, il se constitue une pulsion pour le recréer, qui produit des phénomènes que nous pouvons qualifier de *compulsion de répétition*. Ainsi l'embryologie n'est-elle tout entière que compulsion de répétition; l'aptitude à reconstituer des organes perdus remonte très loin dans l'échelle animale, et la pulsion de guérison, à laquelle nous devons, à côté des secours thérapeutiques, nos convalescences, est sans doute le reliquat de cette capacité si formidablement développée chez les animaux inférieurs. Les migrations des poissons, les vols des oiseaux peut-être, et éventuellement tout ce que nous appelons chez les animaux manifestation de l'instinct [*Instinktäusserung*] s'exécutent sous le commandement de la compulsion de répétition, qui exprime la *nature conservatrice* des pulsions. Dans le domaine psychique aussi nous n'avons pas besoin de chercher longtemps pour en trouver des manifestations. Nous avons été frappés par le fait que les événements oubliés et refoulés de la première enfance se reproduisent pendant le travail analytique dans des rêves et des réactions — particulièrement dans celle du transfert —, bien que leur réveil aille à l'encontre de l'intérêt du principe de plaisir, et nous nous sommes donné comme explication que, dans ces cas, une compulsion de répétition va même au-delà du principe de plaisir. En dehors de l'analyse aussi, on peut observer des choses semblables. Il y a des gens qui répètent toujours, à leurs dépens, les mêmes réactions sans les corriger, ou qui semblent eux-mêmes poursuivis par un destin inexorable alors qu'un examen plus précis nous enseigne qu'eux-mêmes, sans le savoir, se préparent ce destin. Nous attribuons alors à la compulsion de répétition le caractère *démoniaque*.

Mais en quoi ce trait conservateur des pulsions peut-il nous aider à comprendre notre autodestruction? Quel état antérieur une telle pulsion voudrait-elle rétablir? Nous n'avons pas à chercher la réponse bien loin et elle ouvre de vastes perspectives. S'il est vrai qu'à une époque immémoriale et d'une manière qu'on ne peut se représenter, la vie est née un jour de la matière inanimée, alors une pulsion a dû se constituer, selon nos présuppositions, qui veut à nouveau abolir la vie, rétablir l'état inorganique. Si nous reconnaissons dans cette pulsion l'autodestruction de notre hypothèse, nous pouvons concevoir celle-ci comme l'expression d'une *pulsion de mort* qui ne saurait être absente d'aucun processus de vie. Et dès lors les pulsions auxquelles nous croyons se répartissent pour nous en deux groupes : celui des pulsions érotiques qui veulent agglomérer toujours plus de substance vivante en des unités croissantes, et celui des pulsions de mort qui s'opposent à cette aspiration et ramènent le vivant à l'état inorganique. De l'action conjuguée et opposée des deux procèdent les manifestations de la vie, auxquelles la mort met un terme.

Vous direz peut-être, en haussant les épaules : il ne s'agit pas là de sciences naturelles. C'est de la philosophie schopenhauerienne. Mais pourquoi, Mesdames et Messieurs, un hardi penseur n'aurait-il pas deviné ce que confirme ensuite un examen de détail objectif et laborieux ? Et puis, tout a déjà été dit une fois et, avant Schopenhauer, beaucoup ont dit des choses analogues. Et de plus, ce que nous disons n'est même pas du vrai Schopenhauer. Nous n'affirmons pas que la mort est l'unique but de la vie; nous n'ignorons pas, à côté de la mort, la vie. Nous reconnaissons deux pulsions fondamentales et nous laissons à chacune son propre but. Savoir comment les deux se mêlent dans le processus de vie, comment la pulsion de mort est mise au service des intentions de l'Éros, surtout quand il se tourne vers l'extérieur comme agression, ce sont là des tâches qui sont réservées à la recherche de l'avenir. Nous n'irons pas plus loin que l'endroit où une telle perspective s'ouvre à nous. La question de savoir si le caractère conservateur n'est pas propre à toutes les pulsions sans exception, si les pulsions érotiques ne veulent pas, elles aussi, rétablir un état antérieur lorsqu'elles aspirent à la synthèse du vivant en des unités plus grandes, cette question aussi nous devrons la laisser sans réponse.

Nous nous sommes un peu trop éloignés de notre base. Je veux vous rapporter après coup quel a été le point de départ de ces réflexions sur la théorie des pulsions. C'est le même que celui qui nous a conduit à la révision de la relation entre le moi et l'inconscient, l'impression, retirée du travail analytique, que le patient qui fait de la résistance ne sait souvent rien de cette résistance. Mais ce n'est pas seulement le fait de la résistance qui lui est inconscient; ce sont aussi ses motifs. Il nous a fallu rechercher ces motifs ou ce motif, et nous l'avons trouvé, à notre surprise, dans un fort *besoin de punition* que nous n'avons pu mettre qu'au nombre des désirs masochistes. L'importance pratique de cette trouvaille ne le cède en rien à son importance théorique, car ce besoin de punition est le pire ennemi de notre effort thérapeutique. Il est satisfait par la souffrance qui est liée à la névrose et qui s'accroche, pour cette raison, à l'état de maladie. Il semble que ce facteur, le besoin de punition inconscient, participe à toute maladie névrotique. Des cas dans lesquels la souffrance névrotique se laisse remplacer par une souffrance d'une autre espèce produisent ici un effet tout à fait convaincant. Je veux vous rapporter une expérience de ce genre. J'étais une fois parvenu à libérer une demoiselle d'un certain âge du complexe symptomatique qui, environ quinze années durant, l'avait condamnée à une existence de tourments et l'avait exclue de la participation à la vie. Elle avait le sentiment d'être à présent en bonne santé et se précipita dans une activité fébrile pour développer ses talents, qui n'étaient pas minces, et saisir encore au vol quelque possibilité de se mettre en valeur, d'obtenir jouissance et succès. Mais chacune de ses tentatives se termina de la même façon : on lui faisait savoir, ou elle reconnaissait elle-même, qu'elle était devenue trop vieille pour atteindre encore quelque chose dans ce domaine. Après chacune de ces issues, la rechute dans la maladie aurait été la chose la plus simple, mais cela, elle n'y parvenait plus ; au lieu de cela il lui arriva à chaque fois des accidents qui la mettaient hors d'activité pendant un temps et qui la faisaient souffrir. Elle était tombée et s'était foulé le pied ou blessé un genou ; dans une manipulation quelconque, elle s'était abîmé une main. Après qu'on lui eut fait remarquer combien la part qu'elle prenait elle-même à ces apparents accidents pouvait être grande, elle changea pour ainsi dire de technique. À la place des accidents survenaient chez elle, lors des mêmes occasions, des maladies légères, catarrhes, angines, états grippaux, enflures rhumatismales, jusqu'à ce qu'enfin elle se résignât, ce qui mit fin aussi à ces accidents en série.

Sur l'origine de ce besoin inconscient de punition il n'y a, pensons-nous, pas de doute. Il se comporte comme une partie de la conscience [a], comme la continuation de notre conscience [a] dans l'inconscient, il a sans doute la même origine que la conscience [a], et doit donc correspondre à une part d'agression qui a été intériorisée et reprise par le surmoi. Si les termes allaient mieux ensemble, il serait pleinement justifié, pour tous les aspects pratiques, de l'appeler « sentiment de culpabilité inconscient ». Théoriquement nous hésitons, en fait, à faire l'hypothèse que toute agression revenue du monde extérieur est liée par le surmoi et qu'elle est ainsi dirigée contre le moi ou qu'une partie d'elle exerce son activité muette et inquiétante en tant que libre pulsion de destruction dans le moi et le ça. Un tel partage est plus vraisemblable, mais nous n'en savons rien. Lors de la première instauration du surmoi, la part d'agression qui

---

a. *Gewissen,* conscience morale.

est dirigée contre les parents a certainement été utilisée pour l'équipement de cette instance, part à laquelle l'enfant, par suite de sa fixation amoureuse aussi bien que des difficultés extérieures, n'a pu trouver de débouché. C'est pourquoi il n'est pas nécessaire que la sévérité du surmoi corresponde simplement à la sévérité de l'éducation. Il est très possible que lors d'occasions ultérieures tendant à la répression de l'agression, la pulsion prenne le même chemin que celui qui lui a été ouvert à ce moment décisif.

Les personnes chez qui ce sentiment de culpabilité inconscient est hyperpuissant se trahissent dans le traitement analytique par la réaction thérapeutique négative, si fâcheuse pour le pronostic. Quand on leur a communiqué la solution d'un symptôme qui devrait être suivie normalement d'une disparition, au moins temporaire, du symptôme, on obtient chez eux, au contraire, un renforcement momentané du symptôme et de la souffrance. Il suffit souvent de les louer pour leur comportement dans la cure, de prononcer quelques paroles optimistes sur le progrès de l'analyse, pour provoquer une nette aggravation de leur état. Un non-analyste dirait qu'il n'aperçoit pas la « volonté de guérir »; selon le mode de pensée analytique, vous voyez dans ce comportement une manifestation du sentiment de culpabilité inconscient, à qui convient justement la maladie, avec ses souffrances et ses empêchements. Les problèmes que le sentiment de culpabilité inconscient a soulevés, ses rapports avec la morale, la pédagogie, la criminalité et l'abandon affectif sont actuellement le champ d'action préféré des psychanalystes. Voici qu'inopinément nous sortons du monde psychique souterrain pour déboucher en plein marché public. Je ne puis vous conduire plus loin, mais avant de vous quitter, je dois encore vous faire part d'un raisonnement. Il est devenu courant, pour nous, de dire que notre civilisation a été édifiée aux dépens d'aspirations sexuelles qui sont inhibées par la société, en partie refoulées, en partie aussi mises au service de nouveaux buts. Nous avons aussi reconnu que, malgré toute la fierté que nous donnent nos conquêtes culturelles, il ne nous est pas facile de satisfaire aux exigences de cette civilisation, de nous sentir à l'aise en elle, parce que les restrictions pulsionnelles qui nous sont imposées signifient pour nous une lourde charge psychique. Or, ce que nous avons reconnu pour les pulsions sexuelles vaut, dans une mesure égale et peut-être plus grande, pour les autres, les pulsions d'agression. Ce sont elles surtout qui rendent difficile la coexistence des hommes et qui menacent sa continuation; une limitation de son agressivité : tel est le premier et peut-être le plus dur sacrifice que la société doit exiger de l'individu. Nous avons appris de quelle façon ingénieuse s'effectue ce domptage du récalcitrant. L'instauration du surmoi, qui tire à lui les motions agressives dangereuses, amène en quelque sorte une garnison dans une place qui inclinerait à la rébellion. Mais d'autre part, du point de vue purement psychologique, il faut le reconnaître, le moi ne se sent pas à l'aise s'il est ainsi sacrifié aux besoins de la société, s'il doit se soumettre aux tendances destructives de l'agression qu'il aurait bien aimé mettre en œuvre lui-même contre d'autres. C'est comme une continuation, dans le domaine psychique, du dilemme manger ou être mangé qui domine le monde vivant organique. Par bonheur, les pulsions d'agression ne sont jamais seules, elles sont toujours alliées aux pulsions érotiques. Ces dernières, dans les conditions de la civilisation créée par les hommes, ont bien des choses à adoucir et à prévenir.

XXXIIIe CONFÉRENCE

LA FÉMINITÉ

Mesdames, Messieurs, tout le temps pendant lequel je me prépare à parler avec vous, je lutte contre une difficulté intérieure. Je ne me sens pour ainsi dire pas sûr de la licence que je prends. Il est bien exact qu'en quinze années de travail, la psychanalyse s'est modifiée et enrichie, mais une introduction à la psychanalyse pourrait néanmoins rester sans changement ni complément. J'ai toujours le sentiment que ces conférences n'ont pas leur raison d'être. Aux analystes, je dis trop peu, et absolument rien de nouveau, mais à vous, trop, et des choses pour la compréhension desquelles vous n'êtes pas armés, qui ne sont pas pour vous. J'ai cherché des excuses et j'ai voulu justifier chacune des conférences par une autre raison. La première, sur la théorie du rêve, devait vous replacer d'un coup au milieu de l'atmosphère analytique et vous montrer combien nos conceptions se sont montrées solides à l'épreuve. Ce qui m'attirait dans la deuxième – qui trace les chemins du rêve au prétendu occultisme – c'était l'occasion de dire librement un mot sur un domaine de travail où des attentes pleines de préjugés luttent aujourd'hui contre des résistances passionnées, et je pouvais espérer que votre jugement, éduqué à la tolérance par l'exemple de la psychanalyse, ne refuserait pas de m'accompagner dans cette excursion. La troisième conférence, sur la décomposition de la personnalité, était certainement celle qui exigeait le plus de vous, tellement son contenu était étranger, mais il m'était impossible de vous priver de ce premier rudiment d'une psychologie du moi, et si nous l'avions possédé il y a quinze ans, il m'aurait déjà fallu le mentionner alors. La dernière conférence enfin, que vous n'avez sans doute suivie qu'avec une grande contention d'esprit, a apporté des corrections nécessaires, de nouvelles tentatives de solution des énigmes les plus importantes, et mon introduction serait devenue une induction en erreur [a] si j'étais resté muet là-dessus. Vous le voyez, quand on entreprend de s'excuser, cela aboutit finalement à constater que tout était inévitable, tout était fatalité. Je me soumets ; je vous en prie, faites-le aussi.

La conférence d'aujourd'hui ne devrait pas, elle non plus, trouver place dans une introduction, mais elle peut vous donner un échantillon d'un travail analytique de détail et je peux vous dire deux choses pour vous la recommander. Elle n'apporte rien que des faits observés, presque sans aucune addition de spéculations, et elle s'occupe d'un thème qui peut prétendre à votre intérêt comme presque aucun autre. De tout temps les hommes se sont creusé la tête sur l'énigme de la féminité.

Häupter in Hieroglyphenmützen,
Häupter in Turban und schwarzem Barett,

---

a. Freud joue sur les mots *Einführung* (introduction) et *Irreführung* (fait d'induire en erreur).

> *Perückenhäupter und tausend andere*
> *Arme, schwitzende Menschenhäupter.*
>
> (Heine, *Nordsee* ᵃ.)

Vous aussi, vous ne vous êtes sans doute pas exclus de cette réflexion, dans la mesure où vous êtes des hommes; on ne l'attend pas des femmes qui se trouvent parmi vous, elles sont elles-mêmes cette énigme. Masculin ou féminin est la première différence que vous faites quand vous rencontrez une autre créature humaine et vous êtes habitués à effectuer cette différence avec une assurance dénuée d'hésitation. La science anatomique partage votre certitude sur un point, et pas beaucoup au-delà. Sont masculins le produit sexuel masculin, le spermatozoïde et son porteur, sont féminins l'œuf et l'organisme qui l'abrite. Chez les deux sexes se sont formés des organes servant exclusivement aux fonctions sexuelles; ils se sont vraisemblablement développés à partir de la même disposition, selon deux structurations différentes. En outre, chez les deux sexes, les autres organes, les formes du corps et les tissus font apparaître une influence venue du sexe, mais celle-ci est inconstante et son importance changeante; c'est ce qu'on appelle les caractères sexuels secondaires. De plus, la science vous affirme quelque chose qui va à l'encontre de vos prévisions et qui est vraisemblablement propre à déconcerter vos sentiments. Elle attire votre attention sur le fait que

---

a. *Têtes à calottes hiéroglyphiques,*
    Têtes en turbans et barrettes noires
    Têtes coiffées de perruques et mille autres
    Pauvres têtes humaines baignées de sueur.

    (Heine, *Nordsee* VII. « Fragen ».)

des parties de l'appareil génital masculin se trouvent dans le corps de la femme, bien qu'à l'état atrophié, et *vice versa*. Elle voit dans cette occurrence l'indice d'une double sexualité, d'une *bisexualité,* comme si l'individu n'était pas homme ou femme, mais à chaque fois les deux, seulement plus l'un que l'autre. Vous êtes enfin invités à vous familiariser avec l'idée que les proportions dans lesquelles masculin et féminin se mêlent dans un individu sont soumises à des variations considérables. Étant donné, cependant, qu'abstraction faite de cas rarissimes, un même individu ne forme qu'une seule espèce de produit sexuel — des ovules ou des spermatozoïdes —, vous n'allez plus savoir que penser de l'importance de ces éléments et en tirer la conclusion que ce qui fait la masculinité ou la féminité est un caractère inconnu, que l'anatomie ne peut saisir.

La psychologie le peut-elle, peut-être ? Nous sommes habitués à utiliser aussi le masculin et le féminin comme des qualités psychiques et nous avons également transféré le point de vue de la bisexualité dans la vie psychique. Nous disons donc qu'un être humain, mâle ou femelle, se comporte sur tel point d'une façon masculine, sur tel autre, d'une façon féminine. Mais vous comprendrez bientôt que ce n'est là que se conformer à l'anatomie et à la convention. Vous ne pouvez donner *aucun* nouveau contenu aux notions de masculin et de féminin. Cette distinction n'est pas psychologique ; quand vous dites masculin, vous pensez en général « actif », et quand vous dites féminin, vous pensez « passif ». Or il est exact qu'il existe une telle relation. La cellule sexuelle masculine est activement mobile, va trouver la cellule féminine et celle-ci, l'ovule, est immobile, passivement dans l'attente. Ce comportement des organismes sexuels élémentaires est même le modèle du comportement des individus sexuels dans le commerce sexuel. Le mâle poursuit la femelle dans le but de la réunion sexuelle, il l'attaque, pénètre en elle. Mais ainsi, vous n'avez fait que réduire, pour la psychologie, le caractère du masculin au facteur de l'agression. Vous douterez d'être ainsi parvenus à quelque chose d'essentiel, si vous considérez que dans maintes classes d'animaux, les femelles sont les plus fortes et agressives, les mâles uniquement actifs dans l'acte de l'union sexuelle. Il en est ainsi, par exemple, pour les araignées. Même les fonctions du soin et de l'élevage de la couvée, qui nous semblent féminines par excellence, ne sont pas régulièrement liées, chez les animaux, au sexe féminin. Chez des espèces très évoluées on observe que les sexes se partagent la tâche du soin de la couvée, ou même que le mâle s'y consacre seul. Même dans le domaine de la vie sexuelle humaine vous ne pouvez pas ne pas noter combien il est insuffisant de faire coïncider le comportement masculin avec l'activité, le comportement féminin avec la passivité. La mère est, dans tous les sens du terme, active face à l'enfant; même de l'allaitement, vous pouvez aussi bien dire : elle allaite l'enfant, que : elle se laisse téter par l'enfant. Plus vous vous éloignez ensuite du domaine sexuel au sens restreint, plus ce « défaut de conformité »[a] devient évident. Il y a des femmes qui peuvent déployer une grande activité dans différentes directions, des hommes qui ne peuvent pas vivre avec leurs semblables s'ils ne portent pas à un haut degré la soumission passive. Si vous me dites maintenant que ces faits contiennent justement la preuve

---

a. *Überdeckungsfehler*, non-coïncidence d'une chose avec une autre, qu'elle ne « recouvre » pas *(überdecken)*. Terme utilisé par H. Silberer; cf. aussi *Conférence* XX.

que les hommes, comme les femmes, sont bisexuels au sens psychologique du terme, j'en conclurai que vous avez décidé à part vous de faire coïncider « actif » avec « masculin », et « passif » avec « féminin ». Mais je vous le déconseille. Cela me paraît inopportun et n'apporte aucune connaissance nouvelle.

On pourrait songer à caractériser psychologiquement la féminité par la préférence donnée à des buts passifs. Ce n'est naturellement pas la même chose que la passivité; une grande part d'activité peut être nécessaire pour imposer un but passif. Peut-être y a-t-il chez la femme une préférence – issue de la part qui est la sienne dans la fonction sexuelle – pour un comportement passif et pour des aspirations à des buts passifs, préférence qui s'étend dans la vie, plus ou moins loin, selon que l'exemple de la vie sexuelle se limite ou s'élargit. Mais, ce faisant, il nous faut prendre garde de ne pas sous-estimer l'influence des organisations sociales qui acculent également la femme à des situations passives. Tout cela est encore bien loin d'être tiré au clair. Il existe une relation particulièrement constante entre féminité et vie pulsionnelle que nous ne voulons pas ignorer. La répression de son agressivité, constitutionnellement prescrite et socialement imposée à la femme, favorise le développement de fortes motions masochistes qui parviennent à lier érotiquement les tendances destructrices tournées vers le dedans. Le masochisme est donc, comme on dit, authentiquement féminin. Mais si vous rencontrez, comme c'est souvent le cas, le masochisme chez les hommes, que vous reste-t-il d'autre à dire sinon que ces hommes montrent des traits féminins très marqués?

Vous êtes maintenant préparés à admettre que la psychologie ne résoudra pas non plus l'énigme de la féminité. Cette élucidation devra sans doute venir d'ailleurs, et pas avant que nous n'ayons appris comment s'est constituée, de façon générale, la différenciation des êtres vivants en deux sexes. Nous ne savons rien là-dessus et la bisexualité est pourtant un caractère extrêmement frappant de la vie organique, par lequel elle se distingue de façon tranchée de la nature inanimée. Cependant, nous avons déjà un ample champ d'étude dans les individus humains qui, par la possession d'organes génitaux féminins, sont caractérisés manifestement ou de façon prépondérante comme féminins. Ce faisant, il appartient à la nature même de la psychanalyse de ne pas vouloir décrire ce qu'est la femme – ce serait pour elle une tâche difficilement réalisable –, mais d'examiner comment elle le devient, comment la femme se développe à partir de l'enfant aux dispositions bisexuelles. Nous avons appris là-dessus un certain nombre de choses ces derniers temps grâce au fait que plusieurs de nos excellentes collègues féminines ont commencé à travailler cette question dans l'analyse. La discussion a reçu un attrait particulier de la différence des sexes, car chaque fois qu'une comparaison semblait tourner au désavantage de leur sexe, nos collègues femmes pouvaient exprimer le soupçon que nous, analystes hommes, n'aurions pas surmonté certains préjugés profondément enracinés contre la féminité, ce qui trouverait maintenant son châtiment dans la partialité de notre recherche. En revanche, sur le terrain de la bisexualité, il nous était facile d'éviter toute impolitesse. Nous n'avions qu'à dire : cela ne vaut pas pour vous. Vous êtes une exception, vous êtes plus masculine que féminine sur ce point.

Nous abordons l'examen du développement sexuel féminin avec deux attentes : la première c'est qu'ici aussi la constitution ne se pliera pas sans résistance à la fonction; l'autre, que les tournants décisifs seront déjà préparés ou pris avant la puberté. Toutes deux se trouvent bientôt confirmées. En outre, la comparaison avec ce qui se passe chez le garçon nous dit que le développement de la petite fille en femme normale est plus difficile et plus compliqué car il comporte deux tâches de plus, pour lesquelles le développement de l'homme ne présente pas de contrepartie. Suivons le parallèle à partir de son début. Assurément, le matériel, à lui seul, est différent chez le garçon et chez la fille : pour le constater, il n'est pas besoin de psychanalyse. La différence dans la formation des organes génitaux s'accompagne d'autres différences corporelles qui sont trop connues pour qu'il soit besoin de les mentionner. Dans la disposition pulsionnelle aussi apparaissent des différences qui laissent pressentir l'être ultérieur de la femme. La petite fille est, en règle générale, moins agressive et rétive, elle se suffit moins à elle-même, elle semble avoir plus besoin d'une tendresse qu'on lui doit, et être, par là même, plus dépendante et plus docile. Le fait qu'elle se laisse éduquer plus facilement et plus vite à la maîtrise des excrétions n'est, très vraisemblablement, que la conséquence de cette docilité : l'urine et les selles sont, en effet, les premiers cadeaux que l'enfant fait aux personnes qui prennent soin de lui et leur maîtrise est la première concession que se laisse arracher la vie pulsionnelle enfantine. On a aussi l'impression que la petite fille est plus intelligente, plus vive que le garçon du même âge, elle vient davantage au-devant du monde extérieur et forme à la même époque des investissements d'objet plus forts. Je ne sais pas si cette avance dans le développement a été corroborée par des constatations exactes, en tout cas il est établi que la petite fille ne peut être considérée comme intellectuellement en retard. Mais ces différences de sexe n'entrent pas beaucoup en ligne de compte, elles peuvent être compensées par des variations individuelles. Nous pouvons les négliger pour notre propos.

Les deux sexes semblent traverser de la même façon les phases précoces du développement de la libido. On aurait pu s'attendre à ce qu'il se manifeste, chez la petite fille, dès la phase sadique-anale, un retard de l'agressivité, mais tel n'est pas le cas. L'analyse du jeu de l'enfant a montré à nos analystes femmes que les impulsions agressives des petites filles ne laissent rien à désirer en richesse et en violence. Avec l'entrée dans la phase phallique, les différences des sexes s'effacent complètement derrière leurs concordances. Il nous faut maintenant reconnaître que la petite fille est un petit homme. Cette phase, on le sait, est caractérisée chez le garçon par le fait qu'il sait se procurer des sensations de plaisir par son petit pénis et qu'il met en relation l'état d'excitation de celui-ci avec ses représentations des rapports sexuels. La petite fille fait la même chose avec son clitoris encore plus petit. Il semble que, chez elle, tous les actes onanistiques se jouent sur cet équivalent de pénis, que le vagin, proprement féminin, n'ait pas été encore découvert par les deux sexes. Des voix isolées font certes état, aussi, de sensations vaginales précoces mais il ne doit pas être facile de distinguer ces dernières de sensations anales ou vestibulaires ; elles ne peuvent en aucun cas jouer un grand rôle. Nous pouvons poser que dans la phase phallique de la petite fille, c'est le clitoris qui est la zone érogène directrice. Mais elle ne doit pas le rester ; avec l'orientation vers la féminité, le clitoris doit céder sa sensibilité, et du même coup son importance, au vagin, totalement ou en partie, et ce serait là une des deux tâches que la femme doit résoudre par son développement, alors que l'homme, plus heureux, n'a qu'à continuer, au moment de la maturité sexuelle, ce à quoi il s'était déjà exercé pendant la première éclosion sexuelle.

Nous reviendrons encore sur le rôle du clitoris, nous nous tournons maintenant vers la deuxième tâche qui grève le développement de la petite fille. Le premier objet d'amour du garçon est sa mère; elle le reste aussi dans la formation du complexe d'Œdipe, et au fond, pendant toute sa vie. Pour la petite fille aussi la mère – et les figures qui se confondent avec elle de la nourrice, de la dispensatrice de soins – doit être le premier objet, car les premiers investissements se produisent par étayage sur la satisfaction des grands et simples besoins vitaux et les conditions des soins donnés aux enfants sont les mêmes pour les deux sexes. Mais dans la situation œdipienne, c'est le père qui est devenu l'objet d'amour de la petite fille, et nous nous attendons à ce que, dans un déroulement normal du développement, elle trouve, à partir de l'objet paternel, la voie vers le choix d'objet définitif. La petite fille doit donc, avec le temps, échanger zone érogène et objet, deux choses que le garçon, lui, conserve. La question se pose alors de savoir comment cela se passe, en particulier : comment la petite fille passe-t-elle de la mère à l'attachement au père, ou, en d'autres termes : de sa phase masculine à la phase féminine qui lui est biologiquement assignée ?

Ce serait bien sûr une solution d'une simplicité idéale, si nous pouvions supposer qu'à partir d'un âge déterminé l'influence élémentaire de l'attirance des sexes opposés se fait sentir et pousse la petite femme vers l'homme, tandis que la même loi permettrait au garçon de demeurer

auprès de sa mère. On pourrait même ajouter que les
enfants suivent en cela les indications que leur donne la
préférence sexuelle de leurs parents. Mais les choses ne
seront pas si faciles pour nous, nous ne savons guère si
nous pouvons croire sérieusement à cette puissance mys-
térieuse que l'analyse ne nous permet pas de décomposer
davantage et dont les poètes s'enthousiasment si fort.
Nous avons appris tout autre chose des examens laborieux
pour lesquels il nous a du moins été facile de nous
procurer du matériel. Vous devez en effet savoir que le
nombre des femmes qui restent, jusqu'à une époque
avancée, dans la tendre dépendance de l'objet paternel,
et même du père réel, est très grand. Chez ces femmes
à l'attachement paternel intense et qui dure longtemps,
nous avons fait des constatations surprenantes. Nous
savions naturellement qu'il y avait eu un stade antérieur
d'attachement maternel, mais nous ne savions pas qu'il
pouvait être si riche de contenu, persister si longtemps
et laisser tant d'occasions à des fixations et à des dispositions. Pendant cette période, le père n'est qu'un rival
importun; dans certains cas, l'attachement à la mère
persiste au-delà de la quatrième année. Presque tout ce
que nous trouvons plus tard dans la relation au père
était déjà présent en lui et a été, par la suite, transféré
sur le père. Bref, nous acquérons la conviction qu'on ne
peut pas comprendre la femme si on ne prend pas en
considération cette phase de l'*attachement præœdipien à
la mère*.

À présent nous voudrions bien savoir quelles sont les
relations libidinales de la petite fille à la mère. Nous
répondrons qu'elles sont très diverses. Étant donné qu'elles
passent par les trois phases de la sexualité infantile, elles
adoptent aussi les caractères des différentes phases, s'ex-

priment par des désirs oraux, sadiques-anaux et phalliques. Ces désirs représentent [*vertreten*] aussi bien des motions actives que passives ; si on les réfère à la différenciation entre les sexes qui survient plus tard – ce qu'on devrait éviter autant que possible –, on peut les appeler masculins et féminins. Ils sont en outre pleinement ambivalents, de nature aussi bien tendre qu'hostile et agressive. Ces derniers n'apparaissent bien souvent qu'après avoir été transformés en représentations d'angoisse. Il n'est pas toujours facile de déceler la formulation de ces désirs sexuels précoces ; celui qui s'exprime le plus clairement est le désir de faire un enfant à la mère, tout comme celui, correspondant, de mettre au monde un enfant pour elle. Ces désirs appartiennent tous deux à la phase phallique et sont très déconcertants, mais ils sont attestés par l'analyse, sans que subsiste le moindre doute. L'attrait de ces investigations réside dans les surprenantes trouvailles de détail qu'elles nous apportent. C'est ainsi, par exemple, qu'on découvre que l'angoisse d'être tué ou empoisonné – qui peut former plus tard le noyau d'une maladie paranoïaque – est mise en relation avec la mère dès cette époque préœdipienne. Ou voici un autre cas : vous vous souvenez d'un épisode intéressant de l'histoire de la recherche analytique qui m'a fait passer bien des heures pénibles. À l'époque où l'intérêt principal était dirigé sur la découverte des traumatismes sexuels de l'enfance, presque toutes mes patientes me racontaient qu'elles avaient été séduites par leur père. Il me fallut finalement constater que ces rapports n'étaient pas vrais, et j'appris ainsi à comprendre que les symptômes hystériques dérivent de fantasmes, et non pas d'événements réels. Ce n'est que plus tard que je pus reconnaître dans ce fantasme de la séduction par le père l'expression du complexe d'Œdipe typique chez la femme. Et en effet, on retrouve dans la préhistoire préœdipienne des petites filles le fantasme de séduction, mais la séductrice est régulièrement la mère. Dans ce cas toutefois, le fantasme touche le sol de la réalité car c'est réellement la mère qui, lors des soins corporels donnés à l'enfant, a dû provoquer et peut-être même éveiller d'abord des sensations de plaisir sur les organes génitaux.

Je m'attends à vous voir soupçonner beaucoup d'outrance dans cette description de la richesse et de la force des relations sexuelles de la petite fille à sa mère. Nous avons pourtant l'occasion de voir des petites filles et nous ne remarquons rien de semblable chez elles. Mais l'objection n'est pas pertinente ; on peut voir beaucoup de choses chez les enfants si on sait observer, et d'autre part vous ne devez pas oublier que l'enfant n'est capable d'exprimer d'une manière préconsciente, et *a fortiori* de communiquer, qu'une bien petite partie de ses désirs sexuels. Nous n'usons que de notre bon droit en étudiant rétroactivement les résidus et les conséquences de ce monde affectif sur des personnes chez qui ces processus de développement ont trouvé une forme particulièrement nette ou même excessive. La pathologie nous a en effet toujours rendu le service de rendre reconnaissable, par l'isolement et l'exagération, des conditions qui seraient restées cachées dans la normalité. Et comme nos investigations n'ont aucunement été effectuées sur des êtres gravement anormaux, je pense que nous pouvons considérer leurs résultats comme dignes de foi.

Nous allons maintenant diriger notre intérêt sur la question de savoir ce qui provoque la disparition de ce puissant attachement à la mère chez la petite fille. Nous savons que c'est là son destin habituel, il est destiné à céder la place à l'attachement au père. Nous tombons alors sur un fait qui nous indique le chemin à suivre. Il ne s'agit pas, pour cette étape du développement, d'un simple changement d'objet. Cet éloignement par rapport à la mère se produit sous le signe de l'hostilité, l'attachement à la mère se termine en haine. Une telle haine peut devenir très frappante et persister toute la vie; elle peut être, par la suite, soigneusement surcompensée; en général une partie en est surmontée, une autre partie subsiste. Naturellement, les événements des années ultérieures ont une forte influence là-dessus. Mais nous nous bornerons à l'étudier à l'époque de l'orientation vers le père et à en rechercher les motivations. Nous entendons alors une longue liste de griefs et de plaintes contre la mère – qui doivent justifier les sentiments hostiles de l'enfant –, griefs et plaintes de valeur très variée et que nous devrons prendre en considération. Certains sont des rationalisations manifestes, et c'est à nous de trouver les sources réelles de l'hostilité. J'espère vous intéresser en vous conduisant cette fois à travers tous les détails d'un examen psychanalytique.

Le reproche à la mère qui remonte le plus loin est qu'elle a donné trop peu de lait à l'enfant, ce qui est interprété comme un manque d'amour de sa part. Ce reproche, dans nos familles, a une certaine justification. Les mères n'ont souvent pas assez de nourriture pour l'enfant et se contentent de l'allaiter quelques mois, la moitié, ou les trois quarts d'une année. Chez des peuples primitifs, les enfants sont nourris au sein maternel jusqu'à 2 ou 3 ans. Le personnage de la nourrice qui allaite est en général confondu avec la mère; là où cela ne s'est pas produit le reproche se change en cet autre qu'elle a renvoyé trop tôt la nourrice qui allaitait si volontiers l'enfant. Mais quel qu'ait pu être le véritable état de choses, il est impossible que le grief de l'enfant soit justifié aussi souvent qu'on le rencontre. Il semble bien plutôt que l'avidité de l'enfant pour sa première nourriture soit insatiable, qu'il ne se console jamais de la perte du sein maternel. Je ne serais nullement surpris si l'analyse d'un primitif qui pouvait encore téter sa mère alors qu'il savait déjà marcher et parler faisait apparaître le même grief. Au retrait du sein se lie sans doute aussi l'angoisse de l'empoisonnement. Le poison est la nourriture qui vous rend malade. Peut-être l'enfant rapporte-t-il aussi ses premières maladies à cette frustration. Il faut déjà une bonne dose d'entraînement intellectuel pour croire au hasard ; le primitif, l'individu inculte, certainement aussi l'enfant, savent avancer une raison pour tout ce qui arrive. Peut-être était-ce initialement un motif allant dans le sens de l'animisme. Dans certaines couches de notre population, aujourd'hui encore, personne ne peut mourir sans qu'il ait été tué par un autre, de préférence le médecin. Et la réaction névrotique régulière à la mort d'une personne proche est bien l'auto-accusation : on a soi-même causé cette mort.

L'accusation suivante contre la mère jaillit lorsqu'un nouveau bébé apparaît dans la chambre d'enfants. Quand c'est possible, l'accusation reste en relation avec la frustration orale. La mère ne pouvait ou ne voulait plus donner de lait à l'enfant parce qu'elle avait besoin de cette nourriture pour le nouveau venu. Dans le cas où les deux enfants se suivent de si près que la lactation est perturbée par la deuxième grossesse, ce reproche acquiert, il est vrai, un fondement réel et, curieusement, même lorsqu'il n'y a qu'une différence de 11 mois, l'enfant n'est pas trop jeune pour prendre connaissance de cet état de choses. Mais ce n'est pas seulement pour la nourriture lactée que l'enfant en veut à l'intrus, au rival non désiré, mais aussi pour tous les autres signes de la sollicitude maternelle. Il se sent détrôné, spolié, lésé dans ses droits, il voue une haine jalouse au petit frère ou à la petite sœur et développe contre la mère infidèle une animosité qui s'exprime souvent par une modification désagréable de son comportement. Il devient, par exemple, « méchant », irritable, désobéissant et régresse dans ses acquisitions en fait de contrôle des excrétions. Tout cela est connu depuis longtemps et est accepté comme allant de soi mais nous nous faisons rarement une idée exacte de la force de ces motions de jalousie, de la ténacité avec laquelle elles subsistent, ainsi que de leur influence sur le développement ultérieur. D'autant plus que cette jalousie reçoit un aliment sans cesse renouvelé au cours des années suivantes et que tout ce bouleversement se répète à chaque nouvelle naissance. Le fait que, par exemple, l'enfant reste le préféré de la mère n'y change pas non plus grand-chose; les revendications d'amour de l'enfant sont démesurées, exigent l'exclusivité, ne tolèrent aucun partage.

Une source abondante de l'hostilité de l'enfant à l'égard de sa mère doit être cherchée dans ses désirs sexuels multiples, changeant selon la phase de la libido, et qui, la plupart du temps, ne peuvent pas être satisfaits. La plus forte de ces frustrations se produit à la période phallique, quand la mère interdit la manipulation, source de plaisir, des organes génitaux — et cela souvent avec de dures menaces et toutes les marques du dégoût —, alors qu'elle y a pourtant elle-même amené l'enfant. On pourrait penser qu'il y a là suffisamment de motifs pour expliquer que la petite fille se détourne de la mère. On jugerait dans ce cas que cette brouille résulte inévitablement de la nature de la sexualité infantile, de la démesure des revendications d'amour et de l'impossibilité de réaliser les désirs sexuels. On pense peut-être même que cette première relation d'amour de l'enfant est condamnée à disparaître, précisément parce qu'elle est la première, car ces investissements d'objet précoces sont toujours ambivalents au plus haut degré ; à côté d'un amour ardent, il y a toujours une forte tendance à l'agressivité, et plus l'enfant aime son objet passionnément, plus il est sensible aux déceptions et aux frustrations de sa part. Enfin, l'amour doit succomber à l'hostilité accumulée. Ou bien on peut refuser une telle ambivalence originaire des investissements d'objet et faire remarquer que c'est la nature particulière de la relation mère-enfant qui amène, avec la même nécessité, une perturbation de l'amour infantile, car même l'éducation la plus douce ne peut qu'exercer une contrainte et introduire des limitations, et toute atteinte de ce genre à sa liberté doit provoquer en réaction chez l'enfant la tendance à la révolte et à l'agressivité. Je pense que la discussion de ces possibilités pourrait devenir très intéressante mais voici qu'intervient soudain une objection qui pousse notre intérêt dans une autre direction. En effet, tous ces facteurs, les affronts, les déceptions amoureuses, la jalousie, la séduction avec l'interdit qui la suit sont également à l'œuvre dans le rapport du garçon à sa mère et ne sont pourtant pas en mesure de l'éloigner de l'objet maternel. Si nous ne trouvons pas quelque chose qui soit spécifique à la petite fille, qui n'intervienne pas, ou pas de la même façon, chez le garçon, nous n'aurons pas expliqué l'issue de l'attachement à la mère chez la fille.

Je pense que nous avons trouvé ce facteur spécifique,

et à l'endroit attendu, même si c'est sous une forme surprenante. À l'endroit attendu, dis-je, car il réside dans le complexe de castration. Il faut bien que la différence anatomique se marque dans des conséquences psychiques. Mais ce fut une surprise d'apprendre, par les analyses, que la petite fille rend sa mère responsable de son manque de pénis et ne lui pardonne pas ce désavantage.

Vous l'entendez, nous attribuons à la femme aussi un complexe de castration. Avec de bonnes raisons, mais il ne peut pas avoir le même contenu que chez le garçon. Chez celui-ci, le complexe de castration se constitue après qu'il a appris, par la vue d'organes génitaux féminins, que le membre si valorisé par lui n'est pas nécessairement réuni au corps. Il se souvient alors des menaces qu'il s'est attirées par la manipulation de son membre, il commence à leur accorder foi et il tombe dès lors sous l'influence de l'*angoisse de castration*, qui devient le moteur le plus puissant de son développement ultérieur. Le complexe de castration de la petite fille est aussi inauguré par la vue des organes génitaux de l'autre sexe. Elle remarque aussitôt la différence et aussi — il faut le reconnaître — ce qu'elle signifie. Elle se sent gravement lésée, déclare souvent qu'elle voudrait « aussi avoir quelque chose comme ça » et succombe à l'*envie du pénis* qui laisse des traces indélébiles dans son développement et la formation de son caractère et qui, même dans le cas le plus favorable, n'est pas surmontée sans une lourde dépense psychique. Que la petite fille reconnaisse le fait de son manque de pénis ne veut pas dire qu'elle s'y soumette facilement. Au contraire, elle s'accroche encore longtemps au désir d'obtenir aussi quelque chose comme cela, elle croit à cette possibilité jusqu'à un âge plus avancé qu'on ne pense; en des temps où la connaissance de la réalité a depuis longtemps écarté la satisfaction de ce désir comme inaccessible, l'analyse peut encore démontrer qu'il est resté conservé dans l'inconscient et qu'il a gardé un investissement d'énergie considérable. Le désir d'obtenir quand même enfin le pénis appelé de ses vœux peut encore apporter sa contribution aux motifs qui poussent la femme mûre à l'analyse, et ce qu'elle est raisonnablement en mesure d'attendre de l'analyse, par ex. la capacité d'exercer une profession intellectuelle, peut souvent être reconnu comme un avatar sublimé de ce désir refoulé.

On ne peut guère douter de l'importance de l'envie du pénis. Entendez comme un exemple de l'injustice masculine l'affirmation que l'envie et la jalousie jouent, dans la vie psychique des femmes, un rôle encore plus grand que chez les hommes. Non pas que ces caractères soient absents chez les hommes ou que, chez les femmes, ils n'aient pas d'autres racines que l'envie du pénis mais nous sommes enclins à attribuer la part supplémentaire d'envie qu'on rencontre chez les femmes à l'influence de l'envie du pénis. Un certain nombre d'analystes ont eu tendance à réduire l'importance de cette première poussée d'envie du pénis, dans la phase phallique. Ils pensent que ce qui révèle chez la femme une telle attitude est, pour l'essentiel, une formation secondaire, qui s'est constituée à l'occasion de conflits ultérieurs par régression à cette motion infantile précoce. Mais cela est un problème général de psychologie des profondeurs. Dans beaucoup d'attitudes pulsionnelles pathologiques – ou seulement inhabituelles –, par exemple dans toutes les perversions sexuelles, la question se pose de savoir quelle part de leur force il faut attribuer aux fixations infantiles précoces et quelle part revient à l'influence d'expériences

La féminité

et de développements ultérieurs. Il s'agit presque toujours, dans ces cas-là, de séries complémentaires telles que nous les avons admises lors de la discussion de l'étiologie des névroses [a]. Les deux facteurs se partagent l'étiologie dans une proportion variable ; un moins d'un côté est compensé par un plus de l'autre côté. L'élément infantile est dans tous les cas déterminant, pas toujours décisif, mais quand même souvent. Précisément dans le cas de l'envie du pénis, je voudrais prendre résolument parti pour la prépondérance du facteur infantile.

La découverte de sa castration est un tournant dans le développement de la petite fille. Trois directions de développement en procèdent, l'une mène à l'inhibition sexuelle ou à la névrose, la seconde à la modification du caractère dans le sens d'un complexe de masculinité, la dernière enfin à la féminité normale. Sur toutes trois, nous avons appris pas mal de choses, même si ce n'est pas tout. Le contenu essentiel de la première est que la petite fille – qui avait jusqu'alors vécu de façon masculine, savait se procurer du plaisir par l'excitation de son clitoris et mettait cette activité en relation avec ses désirs sexuels, souvent actifs, s'adressant à sa mère – se laisse gâter la jouissance de sa sexualité phallique par l'influence de l'envie du pénis. Humiliée dans son amour-propre par la comparaison avec le garçon tellement mieux pourvu, elle renonce à la satisfaction masturbatoire par le clitoris, rejette son amour pour sa mère et refoule ce faisant, dans bien des cas, une bonne part de ses aspirations sexuelles en général. L'éloignement par rapport à la mère n'a sans doute pas lieu d'un coup, car la petite fille prend d'abord sa castration pour un malheur indi-

---

a. Cf. *Conférences d'introduction*, XXII et XXIII.

viduel, ce n'est que progressivement qu'elle l'étend à d'autres êtres féminins, finalement aussi à sa mère. Son amour s'était adressé à la mère phallique; avec la découverte que la mère est castrée, il lui devient possible de la laisser tomber comme objet d'amour, de sorte que les motifs d'hostilité, accumulés depuis longtemps, prennent le dessus. Cela signifie donc que par la découverte de l'absence de pénis, la femme est dévalorisée pour la petite fille comme pour le garçon, et peut-être aussi plus tard pour l'homme.

Vous savez tous quelle importance étiologique dominante nos névrosés accordent à leur onanisme. Ils le rendent responsable de tous leurs maux, et nous avons grand-peine à leur faire croire qu'ils sont dans l'erreur. Mais, en fait, nous devrions leur concéder qu'ils ont raison, car l'onanisme est l'agent exécutif de la sexualité infantile, du mauvais développement de laquelle ils souffrent en effet. Mais les névrosés incriminent la plupart du temps l'onanisme de la période de la puberté; ils ont, le plus souvent, oublié l'onanisme enfantin précoce dont il s'agit en réalité. Je voudrais avoir un jour l'occasion de vous exposer de façon circonstanciée combien tous les détails effectifs de l'onanisme précoce prennent de l'importance pour la névrose ultérieure ou le caractère de l'individu ; s'il a été découvert ou non, comment les parents l'ont combattu ou l'ont toléré, si l'individu lui-même est parvenu à le réprimer. Tout cela a laissé des traces indélébiles dans son développement. Mais je suis plutôt content de ne pas avoir à le faire; ce serait une tâche longue et ardue, et à la fin vous me mettriez dans l'embarras parce que vous exigeriez très certainement de moi des conseils pratiques sur la façon dont on doit se comporter, en tant que parent ou éducateur, vis-à-vis de l'onanisme des petits enfants. Dans l'évolution ici décrite des petites filles, vous avez un exemple des efforts que fait l'enfant pour se délivrer elle-même de l'onanisme. Mais elle n'y arrive pas toujours. Là où l'envie du pénis a éveillé une forte impulsion contre l'onanisme clitoridien et où celui-ci ne veut quand même pas céder, un violent combat de libération s'engage, dans lequel la petite fille reprend, en quelque sorte, elle-même le rôle de la mère maintenant détrônée et exprime toute son insatisfaction du clitoris jugé inférieur en répugnant à recevoir une satisfaction de lui. Bien des années plus tard encore, quand l'activité onanistique est réprimée depuis longtemps, un intérêt persiste, qu'il nous faut interpréter comme une défense contre une tentation toujours redoutée. Il se manifeste dans l'émergence d'une sympathie pour des personnes chez qui on suppose des difficultés similaires, il intervient comme motif dans la conclusion du mariage, il peut même déterminer le choix du partenaire conjugal ou amoureux. La liquidation de la masturbation enfantine précoce n'est vraiment pas chose facile ou indifférente.

Avec l'abandon de la masturbation clitoridienne, il y a renoncement à une part d'activité. La passivité a maintenant le dessus, l'orientation vers le père s'effectue principalement avec l'aide de motions pulsionnelles passives. Vous reconnaissez qu'une telle poussée de développement, qui écarte du chemin l'activité phallique, aplanit le terrain pour la féminité. Si trop de choses ne se perdent pas alors par refoulement, cette féminité peut s'instaurer normalement. Le désir avec lequel la petite fille se tourne vers son père est sans doute, initialement, le désir du pénis, dont la mère l'a frustrée et qu'elle attend maintenant de son père. Mais la situation féminine ne se trouve instaurée que lorsque le désir du pénis est remplacé par celui de l'enfant, lorsque par conséquent, selon une vieille équivalence symbolique, l'enfant vient à la place du pénis. Il ne nous échappe pas que la petite fille a déjà désiré un enfant auparavant dans la phase phallique non perturbée; c'était, en effet, le sens de son jeu avec des poupées. Mais ce jeu n'était pas, en fait, l'expression de sa féminité, il servait à l'identification avec la mère dans l'intention de remplacer la passivité par l'activité. Elle jouait la mère et la poupée était elle-même; elle pouvait maintenant faire de l'enfant tout ce que la mère avait coutume de lui faire. Ce n'est qu'avec l'apparition du désir du pénis que l'enfant-poupée devient un enfant du père et, à partir de ce moment-là, le but du désir féminin le plus fort. Le bonheur est grand lorsque ce désir d'enfant trouve plus tard son accomplissement réel, et tout particulièrement quand l'enfant est un petit garçon, qui apporte avec lui le pénis désiré [a]. Dans l'énoncé « un enfant du père » l'accent repose le plus souvent sur l'enfant et non sur le père. C'est ainsi que l'ancien désir masculin de possession du pénis transparaît encore à travers la féminité accomplie. Mais peut-être devrions-nous plutôt reconnaître ce désir du pénis comme un désir féminin par excellence.

Avec le transfert du désir de l'enfant-pénis sur le père, la petite fille est entrée dans la situation du complexe d'Œdipe. L'hostilité à l'égard de la mère, qui n'avait pas à être créée à neuf, trouve maintenant un grand renfort, car elle devient la rivale, qui obtient du père tout ce que la petite fille désire de lui. Le complexe d'Œdipe de la fille a longtemps caché à notre regard sa

---

a. Ci-dessous, p. 179.

liaison préœdipienne à la mère qui est pourtant très importante et laisse des fixations très durables. Pour la petite fille, la situation œdipienne est l'issue d'un développement long et difficile, une sorte de liquidation provisoire, une position de repos qu'on n'abandonne pas de sitôt, d'autant plus que le début de la période de latence n'est pas éloigné. Et il existe maintenant, entre les sexes, une différence frappante dans le rapport du complexe d'Œdipe au complexe de castration, différence qui est vraisemblablement lourde de conséquences. Le complexe d'Œdipe du garçon, dans lequel il convoite sa mère et voudrait éliminer son père en tant que rival, se développe naturellement à partir de la phase de sa sexualité phallique. Mais la menace de castration le force à abandonner cette position. Sous l'impression du danger de perdre le pénis, le complexe d'Œdipe est abandonné, refoulé, détruit radicalement dans le cas le plus normal et un surmoi sévère est institué comme son héritier. Ce qui se passe chez la fille est presque le contraire. Le complexe de castration prépare le complexe d'Œdipe au lieu de le détruire; sous l'influence de l'envie du pénis la petite fille est expulsée de la liaison à sa mère et elle se hâte d'entrer dans la situation œdipienne comme dans un port. Avec la suppression de l'angoisse de castration, le motif principal qui avait poussé le garçon à surmonter le complexe d'Œdipe disparaît. La petite fille reste en lui pendant une période d'une longueur indéterminée, elle ne l'abolit que tard, et alors imparfaitement. La formation du surmoi doit souffrir de ces circonstances, il ne peut pas atteindre la force et l'indépendance qui lui confèrent son importance culturelle, et les féministes n'aiment pas qu'on signale les effets de ce facteur sur le caractère féminin moyen.

Revenons maintenant en arrière : nous avons mentionné, comme deuxième des réactions possibles après la découverte de la castration féminine, le développement d'un fort complexe de masculinité. Nous voulons dire par là que la petite fille refuse en quelque sorte de reconnaître un état de fait désagréable, que, dans une révolte empreinte de défi, elle exagère encore la masculinité dont elle est marquée jusque-là, qu'elle s'en tient à son activité clitoridienne et cherche à se réfugier dans une identification avec la mère phallique ou avec le père. Qu'est-ce qui peut être décisif pour cette issue ? Nous ne pouvons nous représenter autre chose qu'un facteur constitutionnel, une quantité plus grande d'activité, telle qu'elle est d'habitude caractéristique pour le mâle. L'essentiel dans ce processus est cependant qu'à ce stade du développement, la poussée de passivité qui introduit le tournant vers la féminité est évitée. L'effet extrême de ce complexe de masculinité nous semble être l'influence exercée sur le choix d'objet dans le sens d'une homosexualité manifeste. L'expérience analytique nous apprend certes que l'homosexualité féminine continue rarement, ou jamais, la masculinité infantile en droite ligne. Il semble que dans ce cas aussi les petites filles prennent pendant un temps leur père pour objet et se mettent dans la situation œdipienne. Mais ensuite elles sont poussées, du fait des déceptions inévitables causées par leur père, à régresser vers leur masculinité première. Il ne faut pas surestimer l'importance de ces déceptions ; elles ne sont pas non plus épargnées à la petite fille naturellement destinée à la féminité, sans avoir toutefois le même résultat. La prépondérance du facteur constitutionnel semble incontestable, mais les deux phases de l'évolution de l'homosexualité féminine se reflètent très bien dans les pratiques des homosexuelles qui jouent aussi souvent et aussi clairement ensemble à la mère et l'enfant qu'à l'homme et à la femme.

Ce que je viens de vous exposer constitue, pour ainsi dire, la préhistoire de la femme. C'est là une acquisition des toutes dernières années, qui vous a peut-être intéressés comme échantillon d'un travail analytique de détail. Comme la femme elle-même est le sujet de cette conférence, je me permets de mentionner cette fois nommément quelques femmes à qui cette investigation doit des contributions importantes. Le Dr Ruth Mack Brunswick a, la première, décrit un cas de névrose qui remontait à une fixation du stade préœdipien et n'avait même pas atteint la situation œdipienne. Il avait la forme d'une paranoïa de jalousie et se révéla accessible à la thérapie. Le Dr Jeanne Lampl-de Groot a établi, au cours d'observations sûres, l'activité phallique si difficile à croire de la fille à l'égard de sa mère, le Dr Helene Deutsch a montré que les actes amoureux des femmes homosexuelles reproduisent les relations entre mère et enfant.

Il n'est pas dans mon intention de suivre le comportement ultérieur de la féminité à travers la puberté et jusqu'à l'âge de la maturité. Nos connaissances seraient d'ailleurs insuffisantes pour cela. Je me bornerai à rassembler quelques traits dans ce qui suit. Partant de la préhistoire, je veux seulement souligner ici que l'épanouissement de la féminité reste exposé à la perturbation résultant des séquelles de la période masculine antérieure. Des régressions aux fixations de ces phases préœdipiennes ont lieu très fréquemment ; dans un bon nombre d'existences il se produit une alternance répétée de périodes dans lesquelles la masculinité ou la féminité a pris le dessus. Une part de ce que nous, hommes, appelons

« l'énigme de la femme » dérive peut-être de cette expression de la bisexualité dans la vie féminine. Mais une autre question semble avoir suffisamment mûri pendant ces recherches pour être à présent débattue. Nous avons appelé la force pulsionnelle de la vie sexuelle : libido. La vie sexuelle est dominée par la polarité masculin-féminin, ce qui amène à considérer le rapport de la libido à cette opposition. Il ne serait pas surprenant qu'il se révèle qu'à chaque sexualité soit rattachée sa libido particulière, de sorte qu'une espèce de libido poursuivrait les buts de la vie sexuelle masculine, une autre ceux de la vie sexuelle féminine. Mais il n'existe rien de pareil. Il n'y a qu'une seule libido qui est mise au service de la fonction sexuelle masculine aussi bien que féminine. Nous ne pouvons pas lui donner, à elle-même, de sexe; si, suivant l'assimilation conventionnelle de l'activité à la masculinité, nous voulons l'appeler masculine, nous ne devons pas oublier qu'elle représente [*vertritt*] aussi des aspirations aux buts passifs. Quoi qu'il en soit, l'énoncé « libido féminine » manque de toute justification. Nous avons en outre l'impression qu'une contrainte plus grande a été exercée sur la libido quand elle est pressée au service de la fonction féminine et que – pour parler téléologiquement – la nature tient moins soigneusement compte de ses exigences que dans le cas de la masculinité. Et ceci peut avoir sa raison – pour parler à nouveau téléologiquement – dans le fait que l'accomplissement du but biologique a été confié à l'agressivité de l'homme et a été rendu, dans une certaine mesure, indépendant du consentement de la femme.

La frigidité sexuelle de la femme, dont la fréquence semble confirmer cette mise en retrait [de l'agressivité] est un phénomène qui est encore insuffisamment compris.

La féminité

Parfois psychogène et accessible alors à une influence, elle suggère, dans d'autres cas, l'hypothèse d'un conditionnement constitutionnel, et même la contribution d'un facteur anatomique.

J'ai promis de vous exposer encore quelques particularités psychiques de la maturité féminine telles que nous les rencontrons dans l'observation analytique. Nous ne revendiquons pas plus qu'une valeur de vérité moyenne pour ces affirmations; de plus, il n'est pas toujours facile de distinguer ce qui est à mettre sur le compte de l'influence de la fonction sexuelle d'une part, du dressage social, de l'autre. Nous attribuons donc à la féminité un degré plus élevé de narcissisme, qui influence encore son choix d'objet, si bien qu'être aimée est pour la femme un besoin plus fort que d'aimer. L'effet de l'envie du pénis est encore impliqué dans la vanité corporelle de la femme, dans la mesure où elle doit estimer d'autant plus haut ses attraits en tant que dédommagement tardif de son infériorité sexuelle initiale. À la pudeur, qui passe pour une qualité féminine par excellence mais qui est bien plus conventionnelle qu'on ne pourrait le croire, nous attribuons l'intention initiale de masquer le défaut [*Defekt*] de l'organe génital. Nous n'oublions pas que, par la suite, elle a assumé d'autres fonctions. On estime que les femmes ont apporté peu de contributions aux découvertes et aux inventions de l'histoire de la culture mais peut-être ont-elles quand même inventé une technique, celle du tressage et du tissage. S'il en est ainsi, on serait tenté de deviner le motif inconscient de cette réalisation. C'est la nature elle-même qui aurait fourni le modèle de cette imitation en faisant pousser, au moment de la puberté, la toison pubienne qui cache les organes génitaux. Le pas qui restait encore à franchir consistait à faire adhérer les unes aux autres les fibres qui, sur le corps, étaient plantées dans la peau et seulement emmêlées les unes avec les autres. Si vous repoussez cette idée comme fantastique, et si vous m'imputez l'influence du manque de pénis sur la structuration de la féminité comme une idée fixe, je me trouve naturellement sans défense.

Les conditions du choix d'objet de la femme sont bien souvent rendues méconnaissables par les circonstances sociales. Là où il peut se montrer librement, il se produit souvent conformément à l'idéal narcissique de l'homme que la petite fille aurait souhaité devenir. Si la petite fille en est restée à l'attachement au père, donc au complexe d'Œdipe, elle choisira d'après le type paternel. Étant donné que, lors de l'orientation de la mère vers le père, l'hostilité de la relation affective ambivalente est restée attachée à la mère, un tel choix devrait assurer un mariage heureux. Mais très souvent une issue intervient qui menace, de façon générale, une telle liquidation du conflit d'ambivalence. L'hostilité, laissée en arrière, rejoint l'attachement positif et gagne le nouvel objet. Le mari, qui avait d'abord hérité du père, reçoit aussi avec le temps, l'héritage de la mère. C'est ainsi qu'il peut facilement arriver que la deuxième moitié de la vie d'une femme soit remplie par le combat contre son mari, comme la première, plus courte, l'a été par la révolte contre sa mère. Après que la réaction a été vécue jusqu'au bout, un deuxième mariage peut aisément prendre une tournure bien plus satisfaisante. Un autre changement, auquel les amoureux ne sont pas préparés, peut intervenir dans l'être de la femme après la naissance du premier enfant du couple. Sous l'impression de sa propre maternité, une identification avec sa propre mère — à laquelle la femme avait répugné jusqu'au mariage – peut se trouver ranimée et attirer à elle toute la libido disponible, de sorte que la compulsion de répétition reproduit un mariage malheureux des parents. Le fait que le facteur ancien du manque de pénis n'a toujours pas perdu sa vigueur se révèle dans la réaction différente de la femme à la naissance d'un fils ou d'une fille. Seul le rapport au fils apporte à la mère une satisfaction illimitée. C'est d'ailleurs la plus parfaite, la plus facilement libre d'ambivalence de toutes les relations humaines. Sur le fils, la mère peut transférer l'ambition qu'elle a dû réprimer chez elle, attendre de lui la satisfaction de tout ce qui lui est resté de son complexe de masculinité. Même un mariage n'est pas assuré avant que la femme ne soit parvenue à faire, du mari aussi, son enfant et à se comporter vis-à-vis de lui en mère.

L'identification à la mère, chez la femme, permet de reconnaître deux couches : la couche préœdipienne qui repose sur le tendre attachement à la mère et la prend comme modèle, et celle, plus tardive, issue du complexe d'Œdipe, qui veut éliminer la mère et la remplacer auprès du père. Il subsiste beaucoup de toutes deux pour l'avenir, on est assurément en droit de dire qu'aucune des deux n'est surmontée de façon suffisante au cours du développement. Mais c'est la phase du tendre attachement préœdipien qui est décisive pour l'avenir de la femme; c'est en elle que se prépare l'acquisition des qualités avec lesquelles elle satisfera plus tard à son rôle dans la fonction sexuelle et accomplira ses inestimables réalisations sociales. C'est dans cette identification aussi qu'elle gagne pour l'homme l'attirance qui fait s'enflammer en état amoureux l'attachement œdipien de ce dernier à sa mère. Sauf qu'ensuite ce n'est, très fréquemment, que son fils qui obtient ce qu'il avait recherché pour lui-même. On a l'impression que l'amour de l'homme et celui de la femme sont séparés par une différence de phase psychologique.

Le fait qu'il faille reconnaître à la femme peu de sens de la justice est sans doute lié à la prédominance de l'envie dans sa vie psychique, car l'exigence de justice est une élaboration de l'envie, elle indique à quelle condition on peut la laisser agir. Nous disons aussi des femmes que leurs intérêts sociaux sont plus faibles et leur capacité de sublimation pulsionnelle moindre que celle des hommes. Le premier point découle vraisemblablement du caractère asocial qui est, sans aucun doute, propre à toutes les relations sexuelles. Les amoureux se suffisent à eux-mêmes, et même la famille répugne à se laisser inclure dans des groupements plus larges. La capacité de sublimation est sujette aux plus grandes variations individuelles. En revanche, je ne peux m'empêcher de mentionner une impression qu'on éprouve souvent dans l'activité analytique. Un homme dans la trentaine nous apparaît comme un individu juvénile, plutôt inachevé, dont nous attendons qu'il utilise vigoureusement les possibilités de développement que lui ouvre l'analyse. Par contre une femme au même âge nous effraie fréquemment par sa rigidité psychique et son immuabilité. Sa libido a pris des positions définitives et semble incapable de les abandonner pour d'autres. Il n'y a pas de chemins vers un développement ultérieur ; il semble que tout le processus s'est déjà déroulé, qu'il reste désormais ininfluençable comme si le difficile développement vers la féminité avait épuisé les possibilités de la personne. Nous déplorons cet état de choses en tant que thérapeutes, même lorsque nous parvenons à mettre un terme à la souffrance par la liquidation du conflit névrotique.

Voilà tout ce que j'avais à vous dire sur la féminité. C'est assurément incomplet et fragmentaire, cela ne rend pas toujours non plus un son agréable. Mais n'oubliez pas que nous n'avons décrit la femme que dans la mesure où son être est déterminé par sa fonction sexuelle. Cette influence va, certes, très loin mais nous ne perdons pas de vue qu'en dehors de cela chaque femme peut être aussi un être humain. Si vous voulez en savoir plus sur la féminité, interrogez vos propres expériences de la vie, ou adressez-vous aux poètes, ou bien attendez que la science puisse vous donner des renseignements plus approfondis et plus cohérents.

XXXIVᵉ CONFÉRENCE

ÉCLAIRCISSEMENTS, APPLICATIONS, ORIENTATIONS

Mesdames, Messieurs, puis-je, pour une fois, lassé de la sécheresse de mon ton, parler devant vous de choses qui ont très peu de portée théorique mais qui vous concernent pourtant de près, dans la mesure où vous avez une attitude amicale envers la psychanalyse? Supposons, par exemple, qu'à vos heures de loisir, vous preniez en main un roman allemand, anglais ou américain dans lequel vous vous attendez à trouver une peinture des hommes et des conditions d'aujourd'hui. Après quelques pages, vous tombez sur une première déclaration sur la psychanalyse, puis bientôt sur d'autres, même quand le contexte ne semble pas l'exiger. N'allez pas penser qu'il s'agit là d'applications de la psychologie des profondeurs pour une meilleure compréhension des personnages du livre ou de leurs actions; il y a aussi, certes, des œuvres plus sérieuses où cela est réellement tenté. Non, ce sont, la plupart du temps, des remarques railleuses, par lesquelles l'auteur du roman veut montrer l'étendue de ses lectures ou sa supériorité intellectuelle. Et vous n'avez pas toujours l'impression qu'il connaît réellement ce sur quoi il se prononce. Ou bien vous allez pour votre détente, à une réunion de société, pas nécessairement à Vienne. Assez vite, la conversation se porte sur la psychanalyse, vous entendez les gens les plus différents donner leur avis, la plupart du temps sur le ton d'une certitude impavide. Ce jugement est, très habituellement, méprisant, souvent outrageant, pour le moins railleur. Si vous êtes assez imprudents pour laisser voir que vous comprenez quelque chose en la matière, ils tombent tous sur vous, réclament des renseignements et des explications et vous donnent en peu de temps la conviction que tous ces jugements sévères ont été prononcés avant toute information, que presque aucun de ces adversaires n'a jamais pris en main un livre de psychanalyse ou que, s'il l'a fait, il n'a pas dépassé la première résistance née de la rencontre avec cette matière nouvelle.

D'une introduction à la psychanalyse vous attendez peut-être aussi des directives pour savoir quels arguments il y a lieu d'employer pour rectifier les erreurs manifestes qui ont cours touchant la psychanalyse, quels livres il faut recommander pour une meilleure information, ou même quels exemples tirés de vos lectures ou de votre expérience vous devez invoquer dans la discussion pour changer la manière de voir de la société. Je vous en prie, ne faites rien de tout cela. Ce serait inutile; le mieux, c'est de cacher tout à fait que vous en savez plus. Si cela n'est plus possible, contentez-vous de dire que vous pensez, autant que vous sachiez, que la psychanalyse est une branche particulière du savoir, assez difficile à comprendre et à juger, qu'elle s'occupe de choses très sérieuses, de sorte qu'on ne peut l'approcher par quelques plaisanteries et que pour se divertir en société, on ferait mieux de se chercher un autre jouet. Naturellement, ne participez pas non plus à des essais d'interprétation quand des imprudents racontent leurs rêves, et résistez aussi à la tentation de gagner des gens à l'analyse par des récits de guérison.

Mais vous pouvez soulever la question de savoir pourquoi ces gens, aussi bien ceux qui écrivent des livres que ceux qui s'adonnent à la conversation, se comportent d'une façon aussi incorrecte, et vous serez enclins à supposer que cela ne tient pas seulement aux gens mais aussi à la psychanalyse. Tel est aussi mon avis; ce que vous rencontrez dans la littérature et la société comme préjugé est la répercussion d'un jugement plus ancien, à savoir celui que les représentants de la science officielle avaient prononcé sur la jeune psychanalyse. Je m'en suis déjà plaint dans un exposé historique [a] et je ne vais pas recommencer — peut-être cette seule fois était-elle déjà de trop —, mais réellement il n'y a pas d'atteinte à la logique ni même à la décence ou au bon goût que les adversaires scientifiques de la psychanalyse ne se soient permis alors. C'était une situation comme celle qui existait au Moyen Âge lorsqu'un malfaiteur, ou bien seulement un adversaire politique, était mis au pilori et livré aux mauvais traitements de la populace. Et vous ne vous représentez peut-être pas clairement jusqu'où peut aller, dans notre société, la grossièreté populacière et quels excès les gens se permettent lorsqu'ils se sentent des éléments d'une masse et dégagés de leur responsabilité personnelle. Au début de cette période, j'étais assez seul et je reconnus bientôt que polémiquer ne menait à rien mais aussi que se plaindre et invoquer des esprits meilleurs n'avait pas plus de sens, puisqu'il n'y avait

---

[a]. Dans *Contribution à l'histoire du mouvement psychanalytique*, 1914.

pas d'instances auprès desquelles cette plainte aurait pu être déposée. J'empruntai donc une autre voie; je procédai à la première application de la psychanalyse en m'expliquant le comportement des masses comme un phénomène de la même résistance que celle contre laquelle je devais lutter chez chacun de mes patients, je m'abstins de polémiquer moi-même et j'influençai mes partisans, lorsqu'ils vinrent, peu à peu, me rejoindre, dans le même sens. Le procédé était bon, le ban où la psychanalyse avait été mise alors, a été levé depuis, mais, de même qu'une croyance abandonnée subsiste sous forme de superstition, qu'une théorie abandonnée par la science se maintient comme opinion populaire, de même ce bannissement initial de la psychanalyse par les cercles scientifiques se poursuit aujourd'hui dans le dédain railleur des profanes qui écrivent des livres ou causent entre eux. Vous ne vous en étonnerez donc plus.

Mais ne vous attendez pas maintenant à entendre l'heureuse nouvelle que le combat pour la psychanalyse est terminé et qu'il s'est conclu par sa reconnaissance en tant que science, son admission comme matière d'enseignement à l'université. Il n'en est rien, le combat se poursuit, simplement sous des formes plus civiles. Ce qui est nouveau aussi, c'est que dans la société scientifique il s'est créé une espèce de couche tampon entre l'analyse et ses adversaires, une couche faite des gens qui laissent subsister quelque chose de la psychanalyse, et le reconnaissent dans des clauses de style divertissantes, mais refusent en revanche d'autres choses, ce qu'ils ne sauraient proclamer assez bruyamment. Ce qui les détermine dans ce choix n'est pas facile à deviner. Il s'agit, semble-t-il, de sympathies personnelles. L'un est choqué par la sexualité, l'autre par l'inconscient, le fait de la symbolique

semble être particulièrement impopulaire. Que l'édifice
de la psychanalyse, bien qu'inachevé, constitue pourtant,
dès aujourd'hui, une unité dont on ne saurait, selon son
envie, détacher des éléments ne semble pas entrer en
ligne de compte pour ces éclectiques. D'aucun de ces
demi ou quart de partisans, je n'ai pu retirer l'impression
que leur refus était fondé sur une vérification. Plusieurs
hommes éminents aussi appartiennent à cette catégorie.
Ils sont, certes, excusés par le fait que leur temps comme
leur intérêt appartiennent à d'autres choses, à celles pour
la maîtrise desquelles ils ont atteint des résultats remarquables. Mais ne feraient-ils pas mieux, alors, de retenir
leur jugement, au lieu de prendre si résolument parti ?
Auprès de l'un de ces grands, j'ai réussi un jour une
conversion rapide. C'était un critique, mondialement
connu, qui avait suivi les courants spirituels de l'époque
avec une compréhension bienveillante et une perspicacité
prophétique. Lorsque je fis sa connaissance, il avait plus
de 80 ans, mais il était toujours fascinant dans sa conversation. Vous devinerez facilement de qui je parle [a]. Ce
n'est pas moi qui vins à parler de psychanalyse, mais
lui, en se mesurant à moi de la façon la plus modeste.
« Je ne suis qu'un littérateur, dit-il, alors que vous êtes
un explorateur de la nature et un découvreur. Mais il y
a une chose qu'il faut que je vous dise : je n'ai jamais
éprouvé de sentiments sexuels pour ma mère. » « Mais
il n'est absolument pas nécessaire que vous l'ayez su,
répondis-je, ce sont des processus inconscients pour
l'adulte. » « Ah, c'est cela que vous voulez dire », dit-il,
soulagé, et il me serra la main. Nous bavardâmes encore

---

a. L'auteur danois Georg Brandes (1842-1927), pour lequel Freud
a toujours eu de l'admiration. E. Jones mentionne la rencontre à laquelle
Freud fait allusion ici dans le tome III de sa biographie.

quelques heures dans les meilleurs termes. J'entendis dire plus tard qu'au cours de la brève période qu'il lui fut encore donné de vivre, il s'exprima plusieurs fois avec bienveillance sur la psychanalyse et qu'il faisait volontiers usage du mot, nouveau pour lui, de « refoulement ».

Un dicton connu rappelle qu'il faut apprendre de ses ennemis. Je reconnais que je n'y suis jamais parvenu, mais j'ai tout de même pensé qu'il pourrait être instructif pour vous de passer en revue ensemble tous les reproches et les objections que les adversaires de la psychanalyse ont formulés contre elle, et d'y relever ensuite d'évidentes injustices et des manquements à la logique. Toutefois, « *on second thoughts* », je me suis dit que cela ne serait pas intéressant du tout, mais fatigant et pénible, et en outre c'est précisément ce que j'ai soigneusement évité toutes ces années. Excusez-moi donc si je ne poursuis pas plus avant sur cette voie et vous épargne les jugements de nos prétendus adversaires scientifiques. Il s'agit, en effet, presque toujours de personnes dont le seul titre d'aptitude est la candeur qu'elles ont conservée en restant à l'écart des expériences de la psychanalyse. Mais je sais que, dans d'autres cas, vous ne me lâcherez pas à si bon compte. Vous m'objecterez : « Il y a tout de même énormément de gens auxquels votre dernière remarque ne s'applique pas. Ces gens n'ont pas évité l'expérience analytique, ils ont analysé des patients, ils ont peut-être été analysés eux-mêmes, ils ont même été, un temps, vos collaborateurs et pourtant ils en sont venus à d'autres conceptions et théories, sur la base desquelles ils se sont séparés de vous et ont fondé des écoles de psychanalyse indépendantes. Vous devriez nous donner des éclaircissements sur la possibilité et la portée de ces mouvements dissidents si fréquents dans l'histoire de l'analyse. »

Bien, je veux essayer de le faire; succinctement toutefois, car il en ressort moins que vous ne pourriez le penser pour la compréhension de l'analyse. Je sais que vous pensez en premier lieu à la psychologie-individuelle [a] d'Adler, qui est considérée, par exemple en Amérique, comme une ligne parallèle de notre psychanalyse, égale en droits, et régulièrement citée en même temps qu'elle. En réalité, elle a très peu de choses à voir avec elle, mais elle mène, par suite de certaines circonstances historiques, une sorte d'existence parasitaire à ses dépens. Les caractéristiques que nous avons attribuées à ce groupe d'opposants [b] ne s'appliquent que dans une mesure restreinte au fondateur de la psychologie-individuelle. Ce nom même est inconvenant et semble un produit de l'embarras; nous ne pouvons admettre qu'il soit employé légitimement comme opposé de psychologie des masses; ce que nous pratiquons nous-même est aussi, la plupart du temps et avant tout, de la psychologie de l'individu humain. Je ne me lancerai pas aujourd'hui dans une critique objective de la psychologie-individuelle d'Adler, elle n'entre pas dans le plan de cette introduction; d'ailleurs je l'ai déjà tentée une fois [c] et j'ai peu de motif d'y changer quelque chose. Mais je veux illustrer l'impression qu'elle provoque par un petit événement datant des années d'avant l'analyse.

À proximité de la petite ville de Moravie dans laquelle

a. *Individualpsychologie.* Nous plaçons un trait d'union entre les deux mots pour marquer qu'il s'agit d'une notion déterminée. De même plus bas psychologue-individuel *(Individualpsychologe).*
b. C'est-à-dire la candeur due à l'ignorance de la psychanalyse dont il est question quelques lignes plus haut.
c. Dans *Contribution à l'histoire du mouvement psychanalytique,* 3.

je suis né et que j'ai quittée enfant, à l'âge de 3 ans [a], se trouve une modeste station thermale, joliment située dans la verdure. Alors que j'étais lycéen, j'y suis allé plusieurs fois en vacances. Environ deux décennies plus tard, la maladie d'une proche parente fut l'occasion de revoir cet endroit. Dans une conversation avec le médecin de la station qui avait assisté ma parente, je m'enquis aussi de ses relations avec les paysans – slovaques croyais-je – qui constituaient en hiver sa seule clientèle. Il me raconta que sa pratique médicale se déroulait de la façon suivante : à l'heure de sa consultation, les malades viennent dans son bureau et se mettent sur un rang. Puis, l'un après l'autre, chacun sort du rang et se plaint de ses maux. Tel a mal au dos, ou des crampes d'estomac, ou de la fatigue dans les jambes, etc. Alors le médecin l'examine et ainsi informé, il profère le diagnostic, dans chaque cas le même. Il me traduisit le mot, qui voulait dire quelque chose comme « ensorcelé ». Je lui demandai, étonné, si les paysans n'étaient pas choqués d'entendre pour tous les malades le même verdict. « Oh non, répliqua-t-il, ils en sont très contents, c'est ce qu'ils attendaient. Chacun au moment de rejoindre le rang fait comprendre aux autres par des jeux de physionomie et des gestes qu'on a affaire à quelqu'un qui s'y connaît. » Je ne me doutais guère à l'époque des circonstances dans lesquelles je rencontrerais à nouveau une situation analogue.

En effet, que quelqu'un soit homosexuel ou nécrophile, un hystérique anxieux, un névrosé obsessionnel complètement bloqué ou un fou délirant, dans chaque cas, le psychologue-individuel de tendance adlérienne indiquera

---

a. Freiberg, rebaptisé Pribor après la Première Guerre mondiale.

comme motif déterminant de son état le fait qu'il veut se faire valoir, surcompenser son infériorité, rester « en haut », parvenir de la ligne féminine à la ligne masculine. Jeunes étudiants, à la clinique, nous avions entendu quelque chose de tout à fait semblable, lorsqu'il arrivait que soit présenté un cas d'hystérie : les hystériques produisent leurs symptômes pour se rendre intéressants, attirer l'attention sur eux. Comme les vieilles sagesses reviennent toujours! Mais, à cette époque déjà, ce petit bout de psychologie ne nous semblait pas recouvrir les énigmes de l'hystérie; il laissait, par exemple, inexpliqué le problème de savoir pourquoi les malades ne se servent pas d'autres moyens pour réaliser leur intention. Il doit, naturellement, y avoir quelque chose de juste dans cette doctrine des psychologues-individuels, une toute petite parcelle qui tient lieu de l'ensemble. La pulsion d'autoconservation essaiera de tirer profit de chaque situation, le moi voudra aussi tourner la maladie à son avantage. En psychanalyse on appelle cela « le bénéfice secondaire de la maladie[a] ». Certes, si on pense aux faits du masochisme, du besoin de punition inconscient et de l'autopréjudice névrotique qui suggèrent l'hypothèse de motions pulsionnelles allant à l'encontre de l'autoconservation, on ne sait plus à quoi s'en tenir sur la valeur générale de la vérité banale sur laquelle est bâti l'édifice doctrinal de la psychologie-individuelle. Mais pour la grande foule, une doctrine comme celle-ci doit être extrêmement bienvenue : elle ne reconnaît pas de complications, n'introduit pas de concepts nouveaux, difficilement saisissables, ne sait rien de l'inconscient, élimine d'un seul coup le problème de la sexualité qui pèse sur tous, se limite à

---

a. Cf. *Conférences d'introduction*, XXIV.

la découverte des ruses par lesquelles on veut se rendre la vie facile. Car la foule elle-même est facile, elle ne demande pas plus d'une raison comme explication, elle n'est pas reconnaissante à la science pour ses subtilités, elle veut avoir des solutions simples et savoir les problèmes liquidés. Si on considère combien la psychologie-individuelle va au-devant de ces exigences, on ne peut réprimer le souvenir d'une phrase de *Wallenstein* :

Wär' der Gedank' nicht so verwünscht gescheidt,
Man wär versucht, ihn herzlich dumm zu nennen [a]

La critique des cercles spécialisés, si inexorable pour la psychanalyse, a, en général, pris des gants de velours pour la psychologie-individuelle. Il est certes arrivé, en Amérique, qu'un des psychiatres les plus considérés publie un article contre Adler, article qu'il a intitulé « Enough! », et où il a exprimé énergiquement sa satiété de la « compulsion de répétition » des psychologues-individuels. Si d'autres se sont conduits bien plus aimablement, c'est sans doute que l'hostilité à l'égard de l'analyse y a beaucoup contribué.

Sur d'autres écoles qui se sont détachées de notre psychanalyse je n'ai pas besoin de dire grand-chose. Le fait que cela se soit produit ne peut être utilisé ni pour ni contre la teneur en vérité de la psychanalyse. Songez aux puissants facteurs affectifs qui rendent difficile à beaucoup de s'intégrer ou de se subordonner, et à la difficulté encore plus grande que souligne avec justesse

---

a. *Si cette pensée n'était pas si sacrément intelligente*
   On serait tenté de la dire complètement stupide.
   Schiller, *Wallenstein, Les Piccolomini*, II, vii.

le dicton « *quot capita tot sensus* » (« autant de têtes, autant d'avis »). Quand les divergences d'opinion avaient dépassé une certaine mesure, le plus opportun était de se séparer et de suivre dès lors des chemins différents, surtout lorsque la différence théorique avait pour conséquence un changement de l'action pratique. Supposez, par exemple, qu'un analyste [a] attache peu de prix à l'influence du passé personnel et cherche la cause des névroses exclusivement dans des motifs présents et des attentes orientées vers l'avenir. Il négligera alors également l'analyse de l'enfance, adoptera même une autre technique et devra compenser l'absence des résultats de l'analyse infantile par un accroissement de son influence didactique et par des indications directes concernant des buts d'existence déterminés. Nous autres, nous dirons alors : « C'est peut-être une école de sagesse, mais ce n'est plus une analyse. » Ou bien un autre [b] peut en être arrivé à la découverte que l'expérience d'angoisse de la naissance dépose le germe de toutes les perturbations névrotiques ultérieures ; il peut lui sembler alors légitime de restreindre l'analyse aux effets de cette seule impression et de promettre le succès thérapeutique d'un traitement de trois à quatre mois. Vous remarquerez que j'ai choisi deux exemples qui partent de deux présupposés diamétralement opposés. C'est un caractère presque général de ces « mouvements de défection » que chacun d'entre eux s'empare d'un morceau de la richesse de motifs de la psychanalyse et se rende indépendant sur la base de cette prise de possession, par exemple de la pulsion de puissance, du conflit éthique, de la mère, de la génita-

a. Allusion à Jung.
b. Allusion à Rank.

lité, etc. S'il vous semble que de telles sécessions sont aujourd'hui déjà plus fréquentes dans l'histoire de la psychanalyse que dans d'autres courants de pensée, je ne sais pas si je dois vous donner raison. S'il en est ainsi, il faut en rendre responsables les relations intimes qui existent en psychanalyse entre les points de vue théoriques et l'action thérapeutique. De simples divergences d'opinion pourraient être supportées bien plus longtemps. On se plaît à nous reprocher, à nous autres psychanalystes, l'intolérance. La seule manifestation de cette vilaine qualité a été justement la séparation d'avec ceux qui pensaient différemment. Il ne leur a rien été fait d'autre : ils ont tiré le meilleur parti de la situation [a], ils se portent à présent mieux qu'avant car, en faisant scission, ils se sont généralement libérés d'un des poids sous lesquels nous gémissons — par exemple de la répulsion que suscite la sexualité infantile ou du ridicule de la symbolique — et ils passent à présent dans leur entourage pour des gens à moitié respectables, ce que nous, qui sommes restés en arrière, ne sommes toujours pas. De plus, ils se sont — à part une exception marquante [b] — exclus d'eux-mêmes.

Quelles exigences émettez-vous encore au nom de la tolérance ? Que, lorsque quelqu'un a exprimé une opinion que nous tenons pour radicalement fausse, nous lui disions : « Merci beaucoup d'avoir exprimé cette contradiction. Vous nous protégez du danger de la fatuité et vous nous donnez l'occasion de prouver aux Américains que nous sommes réellement aussi *broadminded* [c] qu'ils

---

a. « *Sie sind auf die Butterseite gefallen.* » Mot à mot : « Ils sont tombés du côté du beurre (de la tartine). »
b. Allusion probable à Stekel.
c. Large d'esprit, tolérant.

le souhaitent toujours. Nous ne croyons certes pas un mot de ce que vous dites, mais cela ne fait rien. Vraisemblablement vous avez tout autant raison que nous. Qui peut, d'ailleurs, savoir lequel a raison? Permettez-nous, malgré notre antagonisme, d'exprimer votre point de vue dans nos publications. Nous espérons que vous aurez pour cela l'amabilité de défendre le nôtre, que vous rejetez. » Tel sera manifestement l'usage à l'avenir, dans les questions scientifiques, si l'abus que l'on fait de la relativité d'Einstein réussit à s'imposer tout à fait. Il est vrai que pour le moment nous n'en sommes pas encore arrivés là. Nous nous bornons, conformément à l'ancienne mode, à soutenir uniquement nos propres convictions, nous nous exposons au danger de l'erreur, parce que l'on ne peut pas s'en protéger, et nous refusons ce qui nous contredit. Nous avons fait abondamment usage, en psychanalyse, du droit de modifier nos opinions lorsque nous croyons avoir trouvé quelque chose de mieux.

L'une des premières applications de la psychanalyse a été qu'elle nous a enseigné à comprendre l'hostilité dont nos contemporains ont fait preuve à notre égard parce que nous pratiquions la psychanalyse. D'autres applications, de nature objective, peuvent prétendre à un intérêt plus général. Notre première intention était, en effet, de comprendre les troubles de la vie psychique de l'homme, parce qu'une expérience singulière avait montré qu'ici compréhension et guérison coïncident presque, qu'une voie praticable mène de l'une à l'autre. Ce fut aussi, pendant longtemps, notre unique intention. Mais ensuite, nous avons reconnu les relations étroites, et même l'identité interne, entre les processus pathologiques et les processus dits normaux; la psychanalyse devint alors psychologie des profondeurs et comme rien de ce que les hommes créent ou exécutent n'est compréhensible sans le concours de la psychologie, il en est résulté spontanément des applications de la psychanalyse à de nombreux domaines du savoir, en particulier à ceux des sciences de l'esprit, applications qui s'imposaient et exigeaient d'être élaborées. Malheureusement, ces tâches se heurtèrent à des obstacles qui, déterminés par la situation, ne sont pas encore surmontés aujourd'hui. Une telle application suppose des connaissances spécialisées que l'analyste ne possède pas, tandis que ceux qui les possèdent, les spécialistes, ne connaissent rien à l'analyse et ne veulent peut-être rien en connaître. Il en est donc résulté que les analystes, en dilettantes munis d'un équipement plus ou moins suffisant, souvent ramassé à la hâte, ont entrepris des incursions dans ces domaines du savoir, comme la mythologie, l'histoire des cultures, l'ethnologie, la science de la religion, etc. Ils ne furent pas mieux traités que de vulgaires envahisseurs par les savants qui étaient établis dans ces domaines, leurs méthodes tout comme leurs résultats furent d'abord refusés dans la mesure où on y prêta attention. Mais ces conditions sont en constante amélioration, dans tous les domaines on voit croître le nombre des personnes qui étudient la psychanalyse pour l'utiliser dans leur spécialité, colons qui prennent la relève des pionniers. Nous pouvons nous attendre ici à une riche moisson de connaissances nouvelles. Les applications de la psychanalyse en sont toujours aussi des confirmations. Là où le travail scientifique est plus éloigné d'une activité pratique, les inévitables conflits d'opinion seront sans doute aussi moins acharnés.

Je suis très tenté de vous conduire à travers toutes les

applications de la psychanalyse aux sciences de l'esprit. Ce sont des choses qui méritent d'être connues de toute personne qui a des intérêts intellectuels et ne plus entendre parler, pendant un moment, d'anormalité et de maladie serait une détente bien méritée. Mais il me faut y renoncer, cela nous mènerait, encore une fois, au-delà du cadre de ces conférences et, à vous l'avouer franchement, je ne serais pas non plus à la hauteur de cette tâche. Dans quelques-uns de ces domaines j'ai fait moi-même, il est vrai, le premier pas, mais aujourd'hui je ne domine plus cette riche matière et j'aurais trop à étudier pour maîtriser tout ce qui est venu s'y ajouter depuis mes débuts. Ceux d'entre vous qui sont déçus par mon renoncement peuvent se dédommager par la lecture de notre revue *Imago*, qui est consacrée aux applications non médicales de l'analyse [a].

Mais il est un thème sur lequel je ne peux passer si facilement, non pas que je le comprenne particulièrement bien ou que j'y aie moi-même beaucoup contribué. Tout au contraire, je ne m'en suis presque jamais occupé. Mais il est particulièrement important et riche d'espoirs pour l'avenir, peut-être le plus important de tout ce dont s'occupe l'analyse. Je veux parler de l'application de la psychanalyse à la pédagogie, à l'éducation de la génération suivante. Je me réjouis de pouvoir dire au moins que ma fille, Anna Freud, a fait de ce travail la tâche de sa vie, qu'elle répare de cette façon mon omission. Le chemin qui a conduit à cette application est facile à survoler. Lorsque, dans le traitement d'un névrosé adulte, nous cherchions à déterminer ses symptômes, nous étions régulièrement ramenés jusqu'à sa première enfance. La

---

a. Cf. *Conférences d'introduction*, X.

connaissance des étiologies ultérieures ne suffisait ni pour la compréhension ni pour l'action thérapeutique. Nous fûmes ainsi contraints de nous familiariser avec les particularités psychiques de l'âge infantile, et nous apprîmes une foule de choses qu'il n'était pas possible d'apprendre autrement que par l'analyse, et nous pûmes aussi rectifier beaucoup d'opinions communément admises sur l'enfance. Nous avons reconnu qu'une importance particulière revient aux premières années de l'enfance (jusqu'à 5 ans environ), pour plusieurs raisons. Premièrement parce qu'elles comprennent le premier épanouissement de la sexualité, qui laisse des incitations décisives pour la vie sexuelle de la maturité. Deuxièmement, parce que les impressions de cette période touchent un moi inachevé et faible, sur lequel elles agissent comme des traumatismes. Le moi ne peut se défendre contre les tempêtes d'affect qu'elles provoquent autrement que par du refoulement et il acquiert de cette façon à l'âge infantile toutes les dispositions aux maladies et aux troubles fonctionnels ultérieurs. Nous avons compris que la difficulté de l'enfance consiste en ce que l'enfant doit s'approprier en un court laps de temps les résultats d'un développement de civilisation qui s'étend sur des dizaines de millénaires : la maîtrise pulsionnelle et l'adaptation sociale, du moins les premiers rudiments de l'une et l'autre. Il ne peut atteindre qu'une partie de cette modification par son propre développement, il faut qu'une grande partie lui en soit imposée par l'éducation. Nous ne nous étonnons pas que l'enfant, bien souvent, ne vienne à bout de cette tâche qu'imparfaitement. Beaucoup d'enfants traversent, dans ces premières années, des états qu'on peut assimiler aux névroses ; c'est certainement le cas de tous ceux qui tombent par la suite manifestement malades. Chez certains enfants, la maladie névrotique n'attend pas le moment de la maturité, elle éclate dès la période infantile et donne des inquiétudes aux parents et aux médecins.

Nous n'avons pas eu de scrupule à utiliser la thérapie analytique chez de tels enfants, qui ou bien manifestent des symptômes névrotiques indubitables, ou bien étaient sur la voie d'un développement défavorable de leur caractère. L'inquiétude qu'ont exprimée des adversaires de l'analyse, de nuire à l'enfant par l'analyse, s'est révélée sans fondement. Le gain que nous avons retiré de ces entreprises a été que nous avons pu confirmer sur l'objet vivant ce que, chez l'adulte, nous avions pour ainsi dire déduit de documents historiques. Mais le gain fut aussi très satisfaisant pour les enfants. Il s'avéra que l'enfant est un objet très favorable pour la thérapie analytique; les succès sont radicaux et durables. Naturellement, il faut modifier considérablement pour lui la technique de traitement élaborée pour des adultes. L'enfant est psychologiquement un autre objet que l'adulte, il ne possède pas encore de surmoi, la méthode de l'association libre ne mène pas loin, le transfert, étant donné que les parents réels existent encore, joue un rôle différent. Les résistances internes, que nous combattons chez l'adulte, sont, la plupart du temps, remplacées chez l'enfant par des difficultés extérieures. Lorsque les parents se font les porteurs de la résistance, le but de l'analyse ou même celle-ci se trouve compromis; c'est pourquoi il est souvent nécessaire d'associer à l'analyse de l'enfant une part d'influence analytique exercée sur les parents. D'autre part, les divergences inévitables entre l'analyse des enfants et celle des adultes sont réduites du fait que nombre de nos patients ont gardé tant de traits de caractère infantiles que l'analyste – toujours pour s'adapter à l'objet – ne peut faire autrement que de se servir pour eux de certaines techniques de l'analyse d'enfants. C'est tout naturellement que l'analyse d'enfants est devenue le domaine des analystes femmes et il en restera sans doute ainsi.

La reconnaissance du fait que la plupart de nos enfants traversent dans leur développement une phase névrotique contient le germe d'une revendication d'hygiène. On peut se poser la question de savoir s'il ne serait pas indiqué de venir en aide à l'enfant par une analyse, même s'il ne manifeste pas de signes de perturbation, comme mesure d'assistance pour sa santé, de même qu'on vaccine de nos jours des enfants bien portants contre la diphtérie, sans attendre qu'ils aient ce mal. La discussion de cette question n'a aujourd'hui qu'un intérêt académique, je peux me permettre d'en débattre devant vous; pour la grande masse de nos contemporains, ce projet seul paraîtrait déjà un sacrilège monstrueux et, vu l'attitude de la plupart des parents vis-à-vis de l'analyse, il nous faut, pour l'instant, abandonner tout espoir de le réaliser. Une telle prophylaxie de la nervosité, qui serait vraisemblablement très efficace, présuppose aussi un tout autre état d'esprit de la société. La perspective d'une application de la psychanalyse à l'éducation se pose aujourd'hui en d'autres termes. Rendons-nous bien compte de ce qu'est la première tâche de l'éducation. L'enfant doit apprendre à maîtriser ses pulsions. Lui donner la liberté de suivre, sans restriction, toutes ses impulsions, est impossible. Ce serait une expérience très instructive pour les psychologues, mais les parents n'y pourraient pas tenir et les enfants eux-mêmes subiraient de graves dommages, qui apparaîtraient en partie aussitôt, en partie au cours des années ultérieures. Il faut donc que l'éducation inhibe, interdise, réprime et elle y a d'ailleurs largement veillé en tout temps. Mais l'analyse nous a appris que c'est précisément cette répression des pulsions qui entraîne le danger d'une maladie névrotique. Vous vous souvenez que nous avons examiné en détail comment cela se produit [a]. L'éducation doit donc chercher son chemin entre le Scylla du laisser-faire et le Charybde de la frustration. Si la tâche n'est pas absolument insoluble, il faut pouvoir trouver un optimum pour l'éducation, pour qu'elle puisse accomplir le maximum et nuire au minimum. Il s'agira de décider jusqu'où on peut interdire, à quels moments et par quels moyens. D'autre part il faut encore prendre en considération le fait que les objets de l'influence éducatrice apportent avec eux des dispositions constitutionnelles très différentes, de sorte qu'il est impossible que le même procédé éducatif soit également bon pour tous les enfants. La réflexion montre que l'éducation a, jusqu'à présent, très mal rempli sa tâche et qu'elle a infligé de graves dommages aux enfants. Si elle trouve l'optimum et si elle résout sa tâche idéalement, elle pourra espérer effacer l'un des deux facteurs de l'étiologie de la maladie, l'influence des traumatismes infantiles accidentels. L'autre facteur, la puissance d'une constitution pulsionnelle rebelle, elle ne peut en aucun cas l'éliminer. Si on considère à présent les tâches difficiles qui sont imposées à l'éducateur : reconnaître la nature particulière de la constitution de l'enfant, deviner par de faibles indices ce qui se déroule dans sa vie psychique inachevée, lui dispenser la juste mesure d'amour et conserver néanmoins une part efficace d'autorité, on se dit que la seule préparation appropriée au métier d'éducateur est une solide formation psychanalytique. Le mieux,

---

a. Cf. notamment *Conférences d'introduction*. XXII et XXIII.

c'est qu'il ait été analysé lui-même car sans expérience sur sa propre personne, on ne peut pas s'approprier l'analyse. L'analyse des maîtres et éducateurs semble une mesure prophylactique plus efficace que celle des enfants eux-mêmes et, en outre, il y a moins d'obstacles qui s'opposent à son exécution.

Mentionnons seulement en passant comment la psychanalyse pourrait aider l'éducation des enfants d'une manière indirecte et, avec le temps, prendre une influence considérable. Des parents qui ont eux-mêmes fait l'expérience d'une analyse et qui lui doivent beaucoup, entre autres d'avoir compris les fautes commises dans leur propre éducation, traiteront leurs enfants avec une meilleure compréhension et leur épargneront beaucoup de ce qui ne leur a pas été épargné à eux-mêmes. Parallèlement aux efforts des analystes pour exercer une influence sur l'éducation, d'autres investigations sont en cours sur l'origine et la prévention de l'abandon affectif[a] et de la criminalité. Ici aussi, je ne fais que vous ouvrir la porte et vous montrer les appartements qui sont derrière mais sans vous y faire entrer. Je sais que si votre intérêt reste fidèle à la psychanalyse vous pourrez apprendre beaucoup de choses nouvelles et précieuses là-dessus. Mais je ne veux pas abandonner le thème de l'éducation sans en évoquer un certain aspect. Il a été dit – certainement à juste titre – que toute éducation est orientée de façon partiale, qu'elle tend à intégrer l'enfant à l'ordre social existant sans considérer dans quelle mesure celui-ci est, en soi, valable ou défendable. Si on est convaincu des défauts de nos institutions sociales actuelles, on ne peut justifier qu'on mette encore à leur service l'éducation à

---

a. Cf. note p. 94.

orientation psychanalytique. Il faut lui fixer un autre but, plus élevé, qui se soit libéré des exigences sociales dominantes. Mais je pense que cet argument n'a pas sa place ici. Cette revendication dépasse la fonction légitime de l'analyse. Le médecin qui est appelé pour traiter une pneumonie n'a pas non plus à s'inquiéter de savoir si le malade est un brave homme, un suicidaire ou un criminel, s'il mérite de rester en vie et s'il faut le lui souhaiter. Cet autre but qu'on veut fixer à l'éducation sera aussi partial, et ce n'est pas l'affaire de l'analyste de décider entre les partis. Je fais totalement abstraction du fait qu'on refusera à la psychanalyse toute influence sur l'éducation, si elle fait profession d'intentions qui sont inconciliables avec l'ordre social existant. L'éducation psychanalytique assumera une responsabilité inopportune, si elle se propose de façonner son pupille en rebelle. Elle aura rempli sa tâche si elle le renvoie aussi sain et capable de réalisation que possible. Elle contient en elle-même suffisamment de facteurs révolutionnaires pour assurer que celui qu'elle a élevé ne se rangera pas plus tard dans sa vie du côté de la réaction et de la répression. J'estime même que les enfants révolutionnaires ne sont souhaitables à aucun point de vue.

Mesdames, Messieurs, je me propose encore de vous dire quelques mots sur la psychanalyse comme thérapie. J'ai déjà parlé, il y a quinze ans, de son aspect théorique [a] et je ne peux l'exposer différemment aujourd'hui; c'est l'expérience de cette période écoulée de quinze ans qu'il s'agit à présent de formuler. Vous le savez, la psychanalyse s'est constituée en tant que thérapie, elle a poussé bien au-delà, mais elle n'a pas abandonné son sol natal

---

a. Cf. *Conférences d'introduction*, XXVII et XXVIII.

et, pour son approfondissement et son développement ultérieurs, elle est toujours liée aux relations avec les malades. Les impressions accumulées, à partir desquelles nous développons nos théories, ne peuvent être obtenues d'une autre manière. Les échecs dont nous faisons l'expérience en tant que thérapeutes nous imposent constamment des tâches nouvelles, les exigences de la vie réelle sont une protection efficace contre la prolifération de la spéculation, dont nous ne pouvons pourtant pas non plus nous passer dans notre travail. Par quels moyens la psychanalyse aide-t-elle les malades, quand les aide-t-elle et suivant quelles voies ? Nous en avons déjà discuté il y a longtemps ; aujourd'hui nous voulons nous demander ce qu'elle accomplit.

Vous le savez peut-être, je n'ai jamais été un enthousiaste de la thérapie ; il n'y a pas de danger que j'abuse de cet exposé pour faire des éloges. Je préfère vous dire trop peu que trop. À l'époque où j'étais encore le seul analyste, j'avais coutume d'entendre, de personnes qui étaient prétendument favorables à ma cause : « Tout cela est bien beau et subtil, mais montrez-moi un cas que vous avez guéri par analyse. » C'était l'une des nombreuses formules qui se sont relayées au cours du temps dans la fonction d'écarter la nouveauté gênante. Elle est aujourd'hui aussi périmée que beaucoup d'autres, la pile des lettres de remerciement provenant de patients guéris figure aussi dans le dossier de l'analyste. L'analogie ne s'arrête pas là. La psychanalyse est réellement une thérapie comme d'autres. Elle a ses triomphes comme ses défaites, ses difficultés, ses restrictions, ses indications. À un certain moment, on portait contre l'analyse l'accusation qu'on ne pouvait la prendre au sérieux en tant que thérapie, car elle n'osait pas publier de statistique de ses succès.

Depuis, l'Institut psychanalytique de Berlin, fondé par le D' Max Eitingon, a publié un compte rendu sur sa première décennie. Les succès thérapeutiques ne donnent motif ni à la vantardise ni à la honte. Mais des statistiques de ce genre ne sont absolument pas instructives, le matériel traité est tellement hétérogene que seuls de très grands chiffres voudraient dire quelque chose. Il vaut mieux interroger ses expériences individuelles. À ce propos, je voudrais dire que je ne crois pas que nos succès thérapeutiques peuvent concurrencer ceux de Lourdes. Il y a tellement plus de gens qui croient aux miracles de la Sainte Vierge qu'à l'existence de l'inconscient. Si nous nous tournons vers la concurrence terrestre, nous devons comparer la thérapie psychanalytique avec les autres méthodes de la psychothérapie. On n'a guère besoin, aujourd'hui, de mentionner les traitements organiques physiques d'états névrotiques. Comme procédé psychothérapique, l'analyse ne s'oppose pas aux autres méthodes de cette spécialité médicale ; elle ne les dévalorise pas, ne les exclut pas. En théorie, il serait parfaitement conciliable qu'un médecin qui veut se nommer psychothérapeute utilise chez ses malades l'analyse à côté de toutes les autres méthodes de traitement, suivant la nature particulière du cas et le caractère favorable ou défavorable des circonstances extérieures. En réalité, c'est la technique qui nécessite la spécialisation de l'activité médicale. C'est ainsi que chirurgie et orthopédie ont aussi dû se séparer. L'activité psychanalytique est difficile et exigeante, elle ne se laisse pas manier aussi aisément que des lunettes qu'on chausse pour lire et qu'on enlève pour aller se promener. En règle générale, la psychanalyse possède le médecin totalement ou pas du tout. Les psychothérapeutes qui se servent aussi à l'occasion de la psychanalyse ne se trouvent pas — à ma connaissance — sur un terrain analytique solide; ils n'ont pas accepté toute l'analyse; mais ils l'ont diluée, peut-être « désintoxiquée »; on ne peut pas les compter parmi les analystes. Je trouve que c'est regrettable; mais la coopération, dans l'activité médicale, d'un analyste et d'un psychothérapeute qui se limite aux autres méthodes de la spécialité serait tout à fait adaptée à son but.

Comparée aux autres procédés de psychothérapie, la psychanalyse est, sans aucun doute, le plus puissant. Et c'est justice, car elle est aussi celui qui exige le plus de peine et de temps. On ne l'appliquera pas dans des cas bénins; par elle, on peut éliminer, dans les cas appropriés, des perturbations, provoquer des modifications qu'on n'osait espérer à l'époque préanalytique. Mais elle a aussi ses limites, très sensibles. L'ambition thérapeutique de plusieurs de mes partisans s'est donné le plus grand mal pour surmonter ces obstacles, de manière que toutes les perturbations névrotiques deviennent guérissables par la psychanalyse. Ils ont essayé de comprimer le travail analytique en un temps réduit, d'accroître le transfert pour qu'il l'emporte sur toutes les résistances, de combiner avec lui d'autres modes d'influence pour arracher la guérison. Ces efforts sont assurément louables, mais je pense qu'ils sont vains. Ils comportent aussi le danger qu'on se retrouve soi-même entraîné hors de l'analyse et qu'on se livre à une expérimentation sans limite [a]. L'espoir de pouvoir guérir tout ce qui est névrotique a son origine, je le crains, dans cette croyance des profanes que les névroses sont quelque chose de tout à fait superflu, qui n'a absolument pas le droit d'exister. En réalité, ce

---

a. Allusion probable à Ferenczi et à sa « technique active ».

sont des affections graves, constitutionnellement fixées, qui se limitent rarement à quelques crises, qui subsistent la plupart du temps pendant de longues périodes de la vie, ou pendant la vie entière. L'expérience analytique, qui montre qu'on peut les influencer dans une large mesure si on prend possession des causes historiques de la maladie et des facteurs accessoires accidentels, nous a incités à négliger le facteur constitutionnel dans la pratique thérapeutique; nous n'avons, à vrai dire, aucune prise sur lui; en théorie, nous devrions toujours l'avoir à l'esprit. Le fait que les psychoses soient, de façon générale, inaccessibles à la thérapie analytique devrait déjà – étant donné leur étroite parenté avec les névroses – limiter nos prétentions vis-à-vis de ces dernières. L'efficacité thérapeutique de la psychanalyse reste entravée par une série de facteurs importants, auxquels il est presque impossible de s'attaquer. Chez l'enfant, où on pourrait compter sur les plus grands succès, ce sont les difficultés extérieures de la situation parentale, qui font aussi partie de l'enfance. Chez l'adulte, ce sont en premier lieu deux facteurs, le degré de rigidité psychique et la forme de la maladie, avec tout ce qu'elle recouvre de déterminations plus profondes. Le premier facteur est souvent négligé, bien à tort. Aussi grandes que soient la plasticité de la vie psychique et la possibilité de raviver des états anciens, tout ne peut pas être ranimé. Certaines modifications semblent définitives, correspondent à des formations de cicatrices à la suite de processus achevés. D'autres fois, on a l'impression d'une pétrification générale de la vie psychique; les processus psychiques qu'on pourrait très bien diriger vers d'autres voies semblent incapables d'abandonner les voies anciennes. Mais peut-être est-ce la même chose simplement envisagée d'un autre point de vue. Beaucoup trop souvent, on croit sentir qu'il manque seulement à la thérapie l'énergie pulsionnelle nécessaire pour imposer le changement. Une certaine dépendance, une certaine composante pulsionnelle est trop forte en comparaison des forces adverses que nous pouvons mobiliser. Il en est ainsi, d'une façon tout à fait générale, pour les psychoses. Nous les comprenons suffisamment pour savoir où il faudrait poser les leviers, mais ils ne pourraient soulever cette charge. Là-dessus se greffe même l'espoir qu'à l'avenir la connaissance des effets hormonaux – vous savez ce que c'est – nous prêtera les moyens de lutter victorieusement contre les facteurs quantitatifs des maladies, mais aujourd'hui nous en sommes bien loin. Je comprends que l'incertitude qui règne dans tous ces domaines constitue une stimulation constante à perfectionner la technique de l'analyse et particulièrement celle du transfert. Le débutant en psychanalyse, surtout, restera dans le doute en cas d'échec, il ne saura pas s'il doit incriminer les particularités du cas ou un maniement maladroit de la procédure thérapeutique. Mais je l'ai déjà dit, je ne crois pas qu'on puisse obtenir grand-chose par des efforts dans cette direction.

L'autre limitation des succès analytiques provient de la forme de la maladie. Vous savez déjà que le champ d'application de la thérapie analytique est constitué par les névroses de transfert, les phobies, les hystéries, les névroses obsessionnelles et en outre par les anomalies de caractère qui ont été développées à la place de ces maladies. Tout ce qui est différent, les états narcissiques, psychotiques, est plus ou moins inapproprié. Il serait dès lors tout à fait légitime de se protéger des échecs en excluant soigneusement ces cas-là. Les statistiques de l'analyse se trouveraient considérablement améliorées par cette précaution. Toutefois il y a un ennui. Nos diagnostics ne sont prononcés très souvent qu'après coup, ils sont du même genre que l'«épreuve de la sorcière» pratiquée par un certain roi d'Écosse, si on en croit Victor Hugo. Ce roi affirmait être en possession d'une méthode infaillible pour reconnaître une sorcière. Il la faisait cuire dans un chaudron d'eau bouillante, puis il goûtait la soupe. Après quoi, il pouvait dire : « C'était une sorcière », ou bien : « Non, ce n'en était pas une [a]. » C'est la même chose pour nous, sauf que nous sommes nous-mêmes lésés. Nous ne pouvons pas juger le patient qui vient pour se faire traiter, pas plus que le candidat qui vient en formation, avant de l'avoir étudié par l'analyse pendant quelques semaines ou quelques mois. Nous achetons, effectivement, chat en poche. Le patient a apporté avec lui des maux indéterminés, généraux, qui ne permettaient pas un diagnostic sûr. Après cette période d'essai, il peut s'avérer que c'est un cas inapproprié. Nous renvoyons alors le candidat; avec le patient, nous essayons encore un moment pour savoir si nous ne pouvons pas le voir sous un jour plus favorable. Le patient se venge en accroissant la liste de nos échecs, le candidat refusé, s'il est paranoïde, en écrivant par exemple lui-même des livres de psychanalyse. Comme vous le voyez, notre prudence ne nous a servi à rien.

Je crains que ces exposés détaillés n'outrepassent votre intérêt. Mais je regretterais encore plus que vous me prêtiez l'intention de rabaisser votre estime pour la psychanalyse en tant que thérapie. Peut-être m'y suis-je pris réellement avec maladresse car je voulais le contraire :

---

a. Cf. V. Hugo, *Les Travailleurs de la mer,* livre Ier, chap. IV.

excuser les limitations thérapeutiques de l'analyse en relevant leur caractère inévitable. C'est dans la même intention que je me tourne vers un autre point : le reproche que le traitement psychanalytique exige un temps d'une longueur disproportionnée. À cela il faut répondre que les changements psychiques ne s'accomplissent que lentement ; s'ils surviennent rapidement, soudainement, c'est mauvais signe. Il est vrai que le traitement d'une névrose grave s'étend facilement sur plusieurs années, mais demandez-vous, en cas de succès, combien de temps aurait duré la souffrance. Vraisemblablement une décennie pour chaque année de traitement : c'est-à-dire que l'état de maladie — comme nous le voyons si souvent chez des malades non traités — n'aurait jamais disparu. Dans bien des cas, nous avons des raisons de reprendre une analyse après un grand nombre d'années parce que la vie a développé, devant des occasions nouvelles, de nouvelles réactions maladives; entre-temps toutefois notre patient a été en bonne santé. Cela vient de ce que la première analyse n'avait pas fait apparaître toutes ses dispositions pathologiques, et qu'il était naturel que l'analyse s'arrêtât, le succès une fois obtenu. Il y a aussi des gens gravement handicapés qu'on conserve toute leur vie sous garde analytique et qu'on reprend de temps en temps en analyse, mais ces personnes seraient, sans cela, absolument incapables de vivre et il faut se féliciter qu'on puisse les maintenir sur pied par ce traitement fractionné et récurrent. L'analyse des troubles de caractère exige aussi de longues périodes de traitement, mais elle est souvent couronnée de succès, et connaissez-vous une autre thérapie par laquelle on pourrait ne serait-ce que s'attaquer à cette tâche? L'ambition thérapeutique pourra se sentir insatisfaite par ces indications, seulement nous avons appris, d'après l'exemple de la tuberculose et du lupus, qu'on ne peut avoir de succès que lorsqu'on a adapté la thérapie aux caractères du mal.

Je vous ai dit que la psychanalyse a commencé en tant que thérapie, cependant ce n'est pas en tant que thérapie que je voulais la recommander à votre intérêt, mais à cause de son contenu de vérité, à cause des lumières qu'elle nous donne sur ce qui concerne l'homme le plus directement, sur son être, et à cause des relations qu'elle découvre entre ses activités les plus diverses. Comme thérapie, elle est une parmi beaucoup, mais tout de même *« prima inter pares »*. Si elle n'avait pas sa valeur thérapeutique, elle n'aurait pas été découverte au contact des malades et ne se serait pas développée pendant plus de trente ans.

XXXVᵉ CONFÉRENCE

SUR UNE *WELTANSCHAUUNG*

Mesdames, Messieurs, lors de notre dernière réunion, nous nous sommes occupés de petits soucis quotidiens, et nous avons, en quelque sorte, mis de l'ordre dans notre modeste maison. Nous voulons, à présent, prendre un élan audacieux et nous risquer à répondre à une question qui nous a été posée à plusieurs reprises d'un autre côté : la psychanalyse conduit-elle à une *Weltanschauung* déterminée, et à laquelle?

Weltanschauung est, je le crains, une notion spécifiquement allemande dont la traduction dans des langues étrangères soulève sans doute des difficultés. Si je tente d'en donner une définition, elle vous paraîtra certainement maladroite. Je pense donc qu'une *Weltanschauung* est une construction intellectuelle qui résout, de façon homogène, tous les problèmes de notre existence à partir d'une hypothèse qui commande le tout, où, par conséquent, aucun problème ne reste ouvert, et où tout ce que à quoi nous nous intéressons trouve sa place déterminée. Il est aisé de comprendre que la possession d'une telle *Weltanschauung* fait partie des désirs idéaux des hommes. Si l'on y croit, on peut se sentir assuré dans la vie, savoir ce vers quoi on doit tendre, comment on peut placer de la façon la plus appropriée ses affects et ses intérêts.

Si tel est le caractère d'une *Weltanschauung,* alors la réponse sera aisée pour la psychanalyse. En tant que science spécialisée, branche de la psychologie — psychologie des profondeurs ou psychologie de l'inconscient —, elle est absolument inapte à former une *Weltanschauung* propre, elle doit adopter celle de la science. Mais la *Weltanschauung* scientifique s'éloigne déjà sensiblement de notre définition. Elle aussi, certes, postule l'homogénéité de l'explication du monde, mais seulement en tant que programme dont l'accomplissement est déplacé dans l'avenir. À part cela, elle se signale par des caractères négatifs, par la limitation à ce qui peut être présentement connu et le refus tranché de certains éléments qui lui sont étrangers. Elle affirme qu'il n'y a pas d'autre source de connaissance du monde que l'élaboration intellectuelle d'observations soigneusement vérifiées, ce qu'on appelle donc la recherche, sans par ailleurs aucune autre connaissance par révélation, intuition ou divination. Il semble que cette conception ait été, au cours des derniers siècles, très près d'être reconnue de façon générale. C'est à notre siècle qu'il était réservé de trouver l'objection présomptueuse qu'une telle *Weltanschauung* était aussi misérable que désespérante, qu'elle ignorait les exigences de l'esprit humain et les besoins de l'âme humaine.

On ne saurait repousser assez énergiquement cette objection. Elle est absolument inconsistante, car l'esprit et l'âme sont des objets de la recherche scientifique exactement de la même manière que n'importe quelle chose étrangère à l'homme. La psychanalyse a un droit particulier à parler ici au nom de la *Weltanschauung* scientifique, parce qu'on ne peut lui faire le reproche d'avoir négligé le psychique dans l'image du monde. Sa contribution à la science consiste précisément dans l'extension de la recherche au domaine psychique. Sans une telle psychologie, la science serait, il est vrai, très incomplète. Mais, si on inclut l'investigation des fonctions intellectuelles et émotionnelles de l'homme (et des animaux) dans la science, il apparaît que rien ne se trouve changé à la position d'ensemble de celle-ci; il n'en résulte aucunes nouvelles sources de savoir ou nouvelles méthodes de recherche. L'intuition et la divination seraient de telles sources, si elles existaient, mais on peut, sans hésitation, les compter au nombre des illusions, des accomplissements de motions de désir. On reconnaît facilement aussi que ces revendications de *Weltanschauung* n'ont qu'une motivation affective. La science prend connaissance du fait que la vie psychique humaine crée de telles revendications, elle est prête à en vérifier les sources mais elle n'a pas le moindre motif de les reconnaître comme justifiées. Elle se voit, au contraire, exhortée à distinguer soigneusement du savoir tout ce qui est illusion, résultat d'une telle revendication affective.

Cela ne signifie aucunement qu'on écarte ces désirs avec mépris ou qu'on sous-estime leur valeur pour la vie humaine. On est prêt à suivre les accomplissements que ceux-ci se sont créés dans les réalisations de l'art, dans les systèmes de la religion et de la philosophie, mais on ne peut quand même pas ignorer qu'il serait illégitime et hautement inapproprié de permettre le transfert de ces prétentions dans le domaine de la connaissance. Car on ouvre ainsi les voies qui conduisent dans le domaine de la psychose, individuelle ou de masse, et on soustrait à ces aspirations de précieuses énergies qui se tournent vers la réalité pour satisfaire en elle, autant que possible, des désirs et des besoins.

Du point de vue de la science, il est inévitable de faire preuve de critique sur ce point et de procéder par refus et rejets. Il est inadmissible de dire que la science est un domaine de l'activité intellectuelle humaine, que la religion et la philosophie en sont d'autres, de valeur au moins égale, et que la science n'a pas à intervenir dans les deux autres, qu'elles ont toutes la même prétention à la vérité, et que chaque être humain est libre de choisir d'où il veut tirer ses convictions et où il veut placer sa foi. Une telle conception passe pour particulièrement distinguée, tolérante, compréhensive et libre de préjugés étroits. Malheureusement, elle n'est pas soutenable, elle participe à tous les traits nocifs d'une *Weltanschauung* absolument non scientifique et lui équivaut pratiquement. Il est évident que la vérité ne peut être tolérante, qu'elle n'admet ni compromis ni restriction, que la recherche considère tous les domaines de l'activité humaine comme les siens propres et qu'il lui faut devenir inexorablement critique lorsqu'une autre puissance veut en confisquer une part pour elle-même.

Des trois puissances qui peuvent contester à la science son territoire, seule la religion est un ennemi sérieux. L'art est presque toujours inoffensif et bienfaisant, il ne veut rien être d'autre qu'illusion. Excepté chez de rares personnes qui sont, comme on dit, possédées par l'art, il ne se risque pas à empiéter sur le domaine de la réalité. La philosophie n'est pas contraire à la science, elle se comporte elle-même comme une science, travaille en partie avec les mêmes méthodes, mais elle s'en éloigne dans la mesure où elle s'accroche à l'illusion de pouvoir livrer une image du monde cohérente et sans lacune, qui doit pourtant s'écrouler à chaque nouveau progrès de notre savoir. Méthodologiquement elle fait fausse route en surestimant la valeur de connaissance de nos opérations logiques et en reconnaissant encore d'autres sources de savoir, comme par exemple l'intuition. Et bien souvent on pense que la raillerie du poète (H. Heine) n'est pas injustifiée, quand il dit du philosophe :

Mit seinen Nachtmützen und Schlafrockfetzen
Stopft er die Lücken des Weltenbaus [a].

Mais la philosophie n'a pas d'influence immédiate sur la grande masse des gens, elle intéresse un nombre réduit d'individus même parmi la mince couche supérieure des intellectuels : pour tous les autres, elle est à peine compréhensible. En revanche, la religion est une puissance énorme qui dispose des émotions les plus fortes des êtres humains. On sait que, jadis, elle embrassait tout ce qui joue un rôle en tant que vie intellectuelle dans la vie humaine, qu'elle occupait la place de la science alors qu'il n'y avait encore guère de science, et qu'elle a créé une *Weltanschauung* d'une logique et d'une cohérence incomparables qui, bien qu'ébranlée, subsiste encore aujourd'hui.

Si on veut se rendre compte de l'essence grandiose de la religion, il faut se représenter ce qu'elle entreprend d'accomplir pour les hommes. Elle les informe sur l'origine et la constitution du monde, elle leur assure protection et un bonheur fini dans les vicissitudes de la vie, elle dirige leurs opinions et leurs actions par des préceptes

---

a. Heine, *Das Buch der Lieder*, « Die Heimkehr », 58.
   Avec ses bonnets de nuit et les loques de sa robe de chambre
   Il bouche les trous de l'édifice du monde.

qu'elle soutient de toute son autorité. Elle remplit donc trois fonctions. Par la première, elle satisfait le désir humain de savoir, elle fait la même chose que ce que la science tente avec ses propres moyens, et entre ici en rivalité avec elle. C'est à sa deuxième fonction qu'elle doit sans doute la plus grande partie de son influence. Lorsqu'elle apaise l'angoisse des hommes devant les dangers et les vicissitudes de la vie, lorsqu'elle les assure d'une bonne issue, lorsqu'elle leur dispense de la consolation dans le malheur, la science ne peut rivaliser avec elle. Celle-ci enseigne, il est vrai, comment on peut éviter certains dangers, combattre victorieusement bien des souffrances ; il serait très injuste de contester qu'elle est pour les hommes une puissante auxiliaire, mais dans bien des situations, elle doit abandonner l'homme à sa souffrance et ne sait lui conseiller que la soumission. C'est dans sa troisième fonction, quand elle donne des préceptes, qu'elle édicte des interdits et des restrictions, que la religion s'éloigne le plus de la science. Car cette dernière se contente d'examiner et d'établir. De ses applications dérivent, il est vrai, des règles et des conseils pour le comportement. Il peut arriver que ce soient les mêmes que ceux que commande la religion, mais alors avec une autre motivation.

La rencontre de ces trois contenus de la religion n'est pas absolument transparente. Que peut-il y avoir de commun entre l'explication de l'origine du monde et l'injonction de certains préceptes éthiques ? Les assurances de protection et de bonheur sont plus intimement liées aux exigences éthiques. Elles sont la récompense de l'exécution de ces commandements ; seul celui qui s'y conforme peut compter sur ces bienfaits, des châtiments attendent celui qui désobéit. Du reste il y a quelque chose de semblable dans la science. Celui qui méprise ses applications, estime-t-elle, s'expose à des préjugés.

On ne comprend la curieuse combinaison d'enseignement, de consolation et d'exigences qui se rencontre dans la religion que si on la soumet à une analyse génétique. Celle-ci peut partir du point le plus frappant de l'ensemble, de l'enseignement sur l'origine du monde, car pourquoi une cosmogonie devrait-elle être une composante régulière du système religieux ? L'enseignement est donc que le monde a été créé par un être semblable à l'homme, mais plus grand en tous points, puissance, sagesse, force de la passion, un surhomme idéalisé. Des animaux conçus comme créateurs du monde dénotent l'influence du totémisme, que nous effleurerons tout à l'heure au moins par une remarque. Il est intéressant de constater que ce créateur du monde est toujours unique, même là où on croit à de nombreux dieux. Et aussi, que c'est le plus souvent un homme, bien qu'on ne manque nullement d'allusions à des divinités féminines, et que certaines mythologies fassent commencer la création du monde précisément par le fait qu'un dieu homme élimine une divinité rabaissée à l'état de monstre. À cela se rattachent les problèmes de détail les plus intéressants, mais il faut nous hâter. La suite du développement apparaît clairement : ce dieu créateur est appelé directement « père ». La psychanalyse en conclut que c'est réellement le père, dans la grandeur où il était apparu un jour au petit enfant. L'homme religieux se représente la création du monde comme sa propre origine.

On s'explique dès lors facilement comment les assurances consolantes et les sévères exigences éthiques s'associent avec la cosmogonie. Car la même personne, à qui l'enfant doit son existence, le père (ou plus exactement l'instance parentale, composée du père et de la mère), a aussi protégé en veillant sur lui l'enfant faible et désemparé, exposé à tous les dangers qui le guettent dans le monde extérieur; sous sa garde, l'enfant s'est senti en sécurité. Devenu adulte, l'homme se sait, il est vrai, en possession de forces plus grandes mais sa connaissance des dangers de la vie a aussi augmenté, et il en conclut à juste titre qu'au fond il est resté tout aussi désemparé et privé de protection que dans son enfance, que face au monde il est toujours un enfant. Il ne veut donc pas non plus renoncer maintenant à la protection dont il a joui enfant. Cependant, il a reconnu depuis longtemps que son père est un être étroitement limité dans sa puissance, qui n'est pas doté de tous les avantages. C'est pourquoi il remonte à l'image gardée en mémoire du père de l'époque enfantine, qu'il a tellement surestimé; il l'élève au rang de divinité et l'insère dans le présent et dans la réalité. La force affective de cette image de souvenir, et la persistance de son besoin de protection soutiennent ensemble sa croyance en Dieu.

Le troisième point central du programme religieux, l'exigence éthique, se conforme tout aussi aisément à cette situation enfantine. Je vous rappelle la sentence célèbre de Kant qui nomme, tout d'un trait, le ciel étoilé et la loi morale dans notre cœur. Aussi étrange que paraisse ce rapprochement − car qu'est-ce que les corps célestes peuvent avoir à faire avec la question de savoir si un être humain en aime un autre ou le tue? −, il effleure malgré tout une grande vérité psychologique. Le même père (l'instance parentale) qui a donné la vie à l'enfant et l'a protégé de ses dangers, lui a aussi enseigné ce qu'il a le droit de faire et ce dont il doit s'abstenir, lui a appris à supporter certaines restrictions de ses désirs pulsionnels et lui a fait savoir quels égards on attendait de lui pour ses parents et ses frères et sœurs, s'il voulait devenir un membre toléré et bien vu du cercle familial et, par la suite, de groupements plus larges. Par un système de primes d'amour et de punitions l'enfant est éduqué à la connaissance de ses devoirs sociaux, on lui enseigne que la sécurité de sa vie en dépend, qu'alors ses parents, puis les autres aussi peuvent l'aimer et croire à son amour pour eux. Tous ces rapports, l'homme les transporte ensuite inchangés dans la religion. Les interdits et les exigences des parents continuent à vivre dans son cœur comme conscience morale; c'est à l'aide du même système de récompenses et de punitions que Dieu régit le monde humain, c'est de l'accomplissement des exigences éthiques que dépend le degré de protection et de satisfaction de bonheur qui est accordé à chacun; l'amour de Dieu et la conscience d'être aimé de lui fondent l'assurance dont on s'arme contre les dangers du monde extérieur aussi bien que de l'entourage humain. Enfin, on s'est assuré, par la prière, une influence directe sur la volonté divine et, par là même, une participation à l'omnipotence divine.

Je sais que, pendant cet exposé, bien des questions se sont posées à vous, auxquelles vous aimeriez bien m'entendre répondre. Je ne puis l'entreprendre ici et aujourd'hui, mais je suis assuré qu'aucun de ces examens de détail n'ébranlerait notre thèse, à savoir que la *Weltanschauung* religieuse est déterminée par la situation de notre enfance. Il est d'autant plus curieux alors que, malgré son caractère infantile, elle ait un précurseur. Il y a eu, sans aucun doute, une époque sans religion, sans dieux. On l'appelle l'animisme. Le monde était aussi, jadis, plein de créatures spirituelles à ressemblance humaine — nous les appelons démons —, tous les objets du monde extérieur étaient leur siège, ou étaient peut-être identiques à eux, mais il n'y avait pas de puissance supérieure qui les eût tous créés et qui continuât aussi à régner sur eux, et vers laquelle on pût se tourner pour demander aide et protection. Les démons de l'animisme étaient, la plupart du temps, hostiles aux êtres humains mais il semble que l'homme ait alors eu plus confiance en lui que par la suite. Il ressentait sans doute constamment la pire angoisse devant ces mauvais esprits mais il s'en défendait par des actions déterminées auxquelles il attribuait le pouvoir de les chasser. Par ailleurs il ne se considérait pas comme impuissant. Quand il avait un désir à adresser à la nature, par exemple s'il voulait la pluie, il n'adressait pas une prière au dieu du temps, mais il pratiquait un acte magique, dont il attendait une influence directe sur la nature, il faisait lui-même quelque chose de semblable à la pluie. Dans sa lutte contre les puissances du monde environnant, sa première arme fut la *magie,* ce premier précurseur de notre technique actuelle. Nous supposons que la confiance en la magie dérive de la surestimation de ses propres opérations intellectuelles, de la croyance en la « toute-puissance des pensées », que nous retrouvons du reste chez nos névrosés obsessionnels. Nous pourrions nous représenter que les hommes de cette époque étaient particulièrement fiers de leurs acquisitions dans le domaine du langage, qui devaient sans doute faciliter considérablement leur pensée. Ils accordèrent au mot une puissance magique. Ce trait fut, plus tard, repris par la religion. « Et Dieu dit : que la lumière soit, et la lumière fut. » Du reste, le fait d'effectuer des actions magiques montre que l'homme animiste ne s'en remettait pas simplement à la force de ses désirs. Il attendait plutôt le succès de l'exécution d'un acte qui devait inciter la nature à l'imitation. Quand il voulait la pluie, il versait lui-même de l'eau ; quand il voulait inciter le sol à la fertilité, il lui donnait le spectacle d'un commerce sexuel dans les champs.

Vous savez que ce qui s'est une fois créé une expression psychique ne disparaît pas sans peine. Vous ne serez donc pas étonnés d'apprendre que beaucoup de manifestations de l'animisme se sont maintenues jusqu'à aujourd'hui, la plupart du temps sous la forme de ce qu'on appelle superstition, à côté de et derrière la religion. Plus encore, vous ne pourrez guère nier que notre philosophie a conservé des traits essentiels du mode de pensée animiste, la surestimation de la magie du mot, la croyance que les processus réels du monde suivent les chemins que notre pensée veut leur assigner. Ce serait, il est vrai, un animisme sans actions magiques. D'autre part, nous pouvons nous attendre à ce qu'il y ait eu dès cette époque une forme quelconque d'éthique, des préceptes concernant les relations des hommes entre eux, mais rien ne porte à croire qu'ils étaient intimement liés à la croyance animiste. Ils étaient vraisemblablement l'expression immédiate des rapports de force et des besoins pratiques.

Il serait très intéressant de savoir par quelle contrainte s'est opérée la transition de l'animisme à la religion mais vous pouvez vous représenter l'obscurité qui enveloppe, aujourd'hui encore, ces périodes primitives de l'histoire du développement de l'esprit humain. Il semble établi que la première forme sous laquelle se soit manifestée la religion a été le curieux phénomène du totémisme, l'adoration des animaux, dans le sillage de laquelle apparurent aussi les premiers commandements éthiques, les tabous. J'ai autrefois élaboré, dans un livre intitulé *Totem et tabou,* une hypothèse qui fait remonter ce changement à un renversement dans les rapports de la famille humaine. Le principal accomplissement de la religion, comparée avec l'animisme, réside dans la liaison psychique de l'angoisse des démons. Cependant, l'esprit malin a conservé comme résidu de l'époque antérieure une place dans le système de la religion.

Si telle est bien la préhistoire de la *Weltanschauung* religieuse, nous nous tournons maintenant vers ce qui s'est passé depuis lors et ce qui se passe encore sous nos yeux. L'esprit scientifique, renforcé par l'observation des processus de la nature, a commencé, au cours des temps, à traiter la religion comme une affaire humaine et à la soumettre à un examen critique. Elle n'a pu résister à celui-ci. Ce furent, en premier lieu, les récits de miracles qui provoquèrent l'étonnement et l'incrédulité, parce qu'ils contredisaient tout ce que l'observation objective avait enseigné et qu'ils trahissaient trop nettement l'influence d'une activité de l'imagination humaine. Ensuite, ses doctrines pour expliquer le monde existant durent se heurter à un refus, parce qu'elles témoignaient d'une ignorance qui portait le sceau d'époques anciennes et à laquelle on se savait supérieur grâce à une familiarité accrue avec les lois de la nature. Que le monde se fût constitué par des actes de procréation ou de création, par analogie avec la constitution de l'individu, cessa de paraître l'hypothèse la plus immédiate et la plus évidente, depuis que s'était imposée à l'esprit la distinction entre créatures vivantes et animées et nature inanimée, ce qui rendait impossible le maintien de l'animisme primitif. Il ne faut pas négliger non plus l'influence de l'étude comparative de différents systèmes religieux, ni l'impression qu'ils s'excluaient réciproquement et ne se toléraient pas les uns les autres.

Renforcé par ces exercices préliminaires, l'esprit scientifique a enfin acquis le courage de se risquer à l'examen des parties les plus importantes et affectivement les plus précieuses de la *Weltanschauung* religieuse. On aurait pu constater de tout temps, mais on n'osa le dire que tardivement, que les affirmations de la religion qui promettent à l'homme protection et bonheur, à condition pour lui de satisfaire à certaines exigences éthiques, se révèlent également indignes de foi. Il ne semble pas exact qu'il existe une puissance dans l'univers qui veille avec une sollicitude parentale sur le bien-être de l'individu et mène à bonne fin tout ce qui le concerne. Bien au contraire, les destinées des êtres humains ne sont conciliables ni avec l'hypothèse de la bonté universelle ni avec celle – qui la contredit en partie – d'une justice universelle. Les tremblements de terre, les raz de marée, les incendies ne font pas de différence entre l'homme bon et pieux d'une part, le méchant ou l'incroyant d'autre part. Même lorsque la nature inanimée n'entre pas en ligne de compte, et dans la mesure où le destin de l'individu dépend de ses relations avec les autres hommes, il n'est nullement de règle que la vertu soit récompensée et que le mal trouve son châtiment; bien au contraire, celui qui est brutal, rusé, sans égards s'empare très souvent des enviables biens de ce monde et l'individu pieux se retrouve dépouillé. Des puissances obscures, insensibles et sans amour déterminent le destin de l'homme; le système de récompenses et de châtiments auquel la religion a attribué la domination du monde semble ne pas exister. C'est ici un nouveau motif de laisser tomber une bonne part de la spiritualisation qui avait survécu à l'animisme dans la religion.

La dernière contribution à la critique de la *Weltanschauung* religieuse c'est la psychanalyse qui l'a apportée en montrant que l'origine de la religion résidait dans l'impuissance de l'enfant [*Hilflosigkeit*] à s'aider et en faisant dériver ses contenus des désirs et des besoins de l'enfance poursuivis à l'âge mûr. Une telle vue ne signifiait pas exactement une réfutation de la religion, mais constituait un complément nécessaire de ce que nous en savions et, au moins sur un point, une contradiction, puisqu'elle revendique pour elle-même une origine divine. Certes, elle n'a pas tort de le faire, si on admet notre interprétation de Dieu.

En résumé, le jugement de la science sur la *Weltanschauung* religieuse est le suivant : alors que les diverses religions se disputent pour savoir laquelle d'entre elles est en possession de la vérité, nous sommes d'avis que le contenu de vérité de la religion peut être complètement négligé. La religion est une tentative pour maîtriser le monde sensible, dans lequel nous sommes placés, au moyen du monde de désir que nous avons développé en nous par suite de nécessités biologiques et psychologiques. Mais elle ne peut y parvenir. Ses enseignements portent l'empreinte des temps dans lesquels ils se sont constitués, des époques ignorantes de l'enfance de l'humanité. Ses consolations ne méritent aucune confiance. L'expérience nous enseigne que le monde n'est pas une chambre d'enfants. Les exigences éthiques sur lesquelles la religion veut mettre l'accent demandent un autre fondement, car elles sont indispensables à la société humaine et il est dangereux de lier leur observation à la foi religieuse. Si on essaie d'inclure la religion dans l'évolution de l'humanité, elle n'apparaît pas comme une acquisition durable mais comme une contrepartie de la névrose par laquelle l'individu civilisé doit passer dans sa route de l'enfance à la maturité.

Libre à vous, naturellement, d'exercer votre critique sur l'exposé que je viens de faire ; je vous faciliterai moi-même les choses en l'occurrence. Ce que je vous ai dit sur l'effritement progressif de la *Weltanschauung* religieuse était certainement incomplet dans son raccourci ; la succession des différents processus n'était pas indiquée de façon tout à fait exacte, le concours de diverses forces dans l'éveil de l'esprit scientifique n'a pas été suivi jusqu'au bout. J'ai aussi négligé les modifications qui se sont produites dans la *Weltanschauung* religieuse elle-même, pendant l'époque de sa domination incontestée, puis sous l'influence de la critique naissante. Enfin, j'ai limité ma discussion, à strictement parler, à une seule structuration de la religion, celle des peuples occidentaux. Je me suis, pour ainsi dire, créé un fantôme, dans le but d'une démonstration accélérée, aussi impressionnante que possible. Laissons de côté la question de savoir si mes connaissances auraient suffi pour un exposé meilleur et plus complet. Je sais que tout ce que je vous ai dit, vous pouvez le trouver ailleurs, mieux formulé, rien n'en est nouveau. Laissez-moi exprimer la conviction que l'élaboration la plus soigneuse de la matière – les problèmes religieux – n'ébranlerait pas notre résultat.

Vous savez que la lutte de l'esprit scientifique contre la *Weltanschauung* religieuse n'a pas pris fin, elle se déroule encore de nos jours, sous nos yeux. Si peu que la psychanalyse fasse d'ordinaire usage de l'arme de la polémique, nous ne voulons quand même pas nous priver d'examiner cette lutte. Nous parviendrons peut-être aussi à clarifier notre position vis-à-vis des *Weltanschauungen.* Vous verrez que quelques-uns des arguments qu'avancent les partisans de la religion peuvent facilement être récusés ; d'autres, il est vrai, peuvent se soustraire à la réfutation.

La première objection qu'on entend est que la science se montre bien présomptueuse de prendre la religion pour objet de ses investigations, car celle-ci est quelque chose de souverain, de supérieur à toute activité de la raison humaine, qu'on n'a pas le droit d'approcher par une critique ergoteuse. En d'autres termes, la science n'est pas habilitée à juger la religion. Elle serait tout à fait utilisable et estimable, tant qu'elle se limite à son domaine, mais la religion ne serait pas son domaine, elle n'aurait rien à y chercher. Si on ne se laisse pas rebuter par ce refus brutal et qu'on demande encore sur quoi se fonde cette prétention à une situation d'exception parmi toutes les affaires humaines, on obtient pour réponse – si on vous fait seulement l'honneur de vous répondre – que la religion ne doit pas être mesurée à l'aune humaine, car elle est d'origine divine et nous a été donnée par révélation par un esprit que l'esprit humain n'est pas en mesure de comprendre. On pourrait penser que rien n'est plus facile à réfuter que cet argument, car c'est visiblement une *petitio principii,* un *begging the question,* je ne connais pas de bonne expression pour cela en allemand. En effet, la question se pose ici de savoir s'il existe un esprit divin et sa révélation, et rien n'est vraiment décidé si on dit qu'on ne peut pas le demander, car la divinité ne doit pas être mise en question. Il en va ici comme, à l'occasion, dans le travail analytique. Lorsqu'un patient, d'habitude sensé, rejette une hypothèse déterminée pour des raisons particulièrement stupides, cette faiblesse logique garantit l'existence d'un motif particulièrement puissant pour contredire, motif qui ne peut être que de nature affective, un lien émotionnel.

On peut également obtenir une autre réponse, là où un tel motif est avoué ouvertement. La religion ne doit pas être soumise à un examen critique, parce qu'elle est la chose la plus élevée, la plus précieuse, la plus sublime que l'esprit humain ait produite, parce qu'elle confère une expression aux sentiments les plus profonds et qu'elle seule rend le monde supportable et la vie digne de l'homme. À cela, on n'a pas besoin de répondre en contestant l'appréciation de la religion mais en dirigeant l'attention sur un autre aspect des choses. On souligne qu'il ne s'agit aucunement d'un empiétement de l'esprit scientifique sur le domaine de la religion, mais, au contraire, d'un empiétement de la religion sur la sphère de la pensée scientifique. Quelles que puissent être la valeur et l'importance de la religion, elle n'a pas le droit de limiter d'une façon quelconque la pensée, ni par conséquent le droit de s'excepter elle-même de l'application de la pensée.

La pensée scientifique n'est pas différente, dans son essence, de l'activité normale de la pensée, que nous utilisons tous, croyants et incroyants, pour régler nos affaires dans la vie. Elle n'a pris une structure particulière que dans certains de ses aspects, elle s'intéresse aussi à des choses qui n'ont pas d'utilité immédiate, tangible, elle s'efforce d'éviter soigneusement les facteurs individuels et les influences affectives, elle vérifie plus strictement, pour savoir si on peut s'y fier, les perceptions sensorielles sur lesquelles elle édifie ses conclusions, elle se crée de nouvelles perceptions qu'il n'est pas possible d'obtenir par les moyens de la vie quotidienne et isole les conditions de ces nouvelles expériences dans des expérimentations intentionnellement variées. Elle aspire à atteindre une concordance avec la réalité, c'est-à-dire avec ce qui existe en dehors de nous, indépendamment de nous, et qui — comme l'expérience nous l'a enseigné — est décisif pour la réalisation ou l'échec de nos désirs. Cette coïncidence avec le monde extérieur réel, nous l'appelons vérité. Elle reste le but du travail scientifique, même si nous n'en considérons pas la valeur pratique. Si donc la religion affirme qu'elle peut remplacer la science, que, parce qu'elle est bienfaisante et exaltante, elle doit aussi être vraie, c'est véritablement une usurpation qu'on devrait rejeter dans l'intérêt le plus général. C'est beaucoup demander à l'homme — qui a appris à mener ses affaires ordinaires selon les règles de l'expérience et en tenant compte de la réalité — que de vouloir qu'il transfère le soin de ses intérêts les plus intimes à une instance qui revendique comme son privilège d'être libérée des prescriptions de la pensée rationnelle. Et en ce qui concerne la protection que la religion promet à ses croyants, je pense que personne d'entre nous ne voudrait seulement monter dans une automobile dont le conducteur déclare qu'il roule sans se laisser troubler par les règles de la circulation routière, suivant les impulsions de sa fantaisie inspirée.

L'interdit de penser édicté par la religion en vue de son autoconservation n'est d'ailleurs dépourvu de danger ni pour l'individu ni pour la communauté humaine. L'expérience analytique nous a enseigné qu'un tel interdit, même s'il est initialement limité à un domaine déterminé, a tendance à s'étendre et devient alors une cause d'inhibitions graves dans le comportement d'un individu face à la vie. On peut aussi observer cet effet dans le sexe féminin, comme conséquence de l'interdic-

Sur une Weltanschauung

tion de s'occuper de sa sexualité, ne serait-ce qu'en pensée. La biographie de presque tous les individus éminents des temps passés peut démontrer la nocivité de l'inhibition de penser due à la religion. D'autre part l'intellect – ou appelons-le du nom qui nous est familier : la raison – est une des puissances dont nous pouvons le plus attendre une influence unificatrice sur les êtres humains, ces êtres humains qu'il est si difficile de maintenir ensemble et qui sont, pour cela, presque ingouvernables. Qu'on se représente combien la société humaine deviendrait impossible, si chacun avait seulement sa propre table de multiplication et sa propre unité de poids et de mesure. C'est notre meilleur espoir pour l'avenir que l'intellect – l'esprit scientifique, la raison – parvienne avec le temps à la dictature dans la vie psychique de l'homme. L'essence de la raison nous est un garant qu'elle ne manquera pas d'accorder aux motions affectives humaines et à ce qui est déterminé par elles la place qui leur revient. La contrainte commune d'une telle domination de la raison s'avérera comme le lien unificateur le plus fort entre les hommes et ouvrira la voie à de nouvelles unifications. Ce qui s'oppose à un tel développement, comme l'interdit de penser dû à la religion, est un danger pour l'avenir de l'humanité.

On peut alors demander : pourquoi la religion ne met-elle pas un terme à ce combat sans espoir pour elle en déclarant franchement : « C'est exact que je ne peux pas vous donner ce qu'on appelle d'une façon générale la vérité; pour cela, il faut vous en tenir à la science. Mais ce que j'ai à donner est incomparablement plus beau, plus consolant et plus exaltant que tout ce que vous pouvez recevoir de la science. Et c'est pour cela que je vous dis que c'est vrai, dans un autre sens plus élevé. »

La réponse est facile à trouver. La religion ne peut pas faire cet aveu, car elle perdrait ainsi toute influence sur la masse. L'homme commun ne connaît qu'une vérité, au sens commun du mot. Ce que serait une vérité plus élevée ou suprême, il ne peut se le représenter. La vérité lui semble aussi peu susceptible de gradation que la mort, et il ne peut suivre le saut du beau au vrai. Peut-être pensez-vous avec moi qu'il fait bien ainsi.

La lutte n'est donc pas terminée. Les partisans de la *Weltanschauung* religieuse agissent selon le vieux principe que la meilleure défense est l'attaque. Ils demandent : « Mais quelle est donc cette science qui prétend déprécier notre religion, elle qui a dispensé salut et consolation à des millions d'êtres humains pendant de longs millénaires ? Qu'a-t-elle donc déjà accompli de son côté ? Que pouvons-nous encore attendre d'elle ? Elle est, selon son propre aveu, incapable d'apporter consolation et élévation. Faisons-en donc abstraction bien que ce ne soit pas un renoncement facile. Mais qu'en est-il de ses enseignements ? Peut-elle nous dire comment le monde s'est formé et vers quel destin il s'achemine ? Peut-elle seulement nous dessiner une image cohérente du monde, nous montrer à quoi se rattachent les phénomènes inexpliqués de la vie, comment les forces spirituelles peuvent agir sur la matière inerte ? Si elle le pouvait, nous ne lui refuserions pas notre estime. Mais il n'en est rien, elle n'a encore résolu aucun problème de ce genre. Elle nous donne des fragments d'une prétendue connaissance qu'elle n'arrive pas à harmoniser, elle observe des régularités dans le déroulement des événements, elle rassemble ces observations qu'elle qualifie du nom de lois et les soumet à ses interprétations aventureuses. Et de quel faible degré de certitude elle dote ses résultats ! Tout ce qu'elle enseigne ne vaut que provisoirement; ce qu'on prône aujourd'hui comme sagesse suprême sera rejeté demain pour être remplacé, de nouveau à titre d'essai uniquement, par autre chose. La dernière erreur s'appelle alors vérité. Et c'est à cette vérité-là qu'il nous faudrait sacrifier notre bien suprême! »

Mesdames, Messieurs, je pense que dans la mesure où vous êtes vous-mêmes des adeptes de la *Weltanschauung* scientifique ici attaquée, vous n'aurez pas été profondément ébranlés par cette critique. Jadis, dans l'Autriche impériale, un mot a été prononcé, que je voudrais rappeler ici. Le vieux monsieur[a] apostropha un jour en ces termes la délégation d'un parti qui le gênait : « Ce n'est plus de l'opposition ordinaire, c'est de l'opposition factieuse. » De même vous estimerez qu'il est injuste et exagéré de reprocher haineusement à la science de n'avoir pas encore résolu les énigmes de l'univers : elle n'a réellement pas eu le temps de parvenir à de si grands résultats. La science est très jeune, c'est une activité humaine qui s'est développée tardivement. Gardons présent à l'esprit (pour ne choisir que quelques dates) qu'environ trois cents ans ont passé depuis que Kepler a découvert les lois du mouvement des planètes, que la vie de Newton, qui décomposa la lumière en ses couleurs et établit la théorie de la pesanteur, s'est achevée en 1727, donc il y a un peu plus de deux cents ans, que Lavoisier a découvert l'oxygène peu avant la Révolution française. Une existence humaine est très courte en comparaison de la durée du développement de l'humanité; peut-être suis-je aujourd'hui un très vieil

---

a. *Der alte Herr :* ainsi l'empereur François-Joseph était-il familièrement nommé.

homme [a], mais j'étais déjà en vie lorsque Ch. Darwin a livré au public son ouvrage sur l'origine des espèces. En cette même année 1859 naquit Pierre Curie, qui découvrit le radium. Et si vous remontez plus loin en arrière, aux origines des sciences naturelles exactes chez les Grecs, à Archimède, Aristarque de Samos (vers 250 av. J.-C.), le précurseur de Copernic, ou même aux premiers débuts de l'astronomie chez les Babyloniens, vous ne couvrirez qu'une petite fraction du laps de temps que l'anthropologie embrasse pour le développement de l'homme à partir de sa forme simienne primitive, lequel s'étend sans doute sur plus de cent mille ans. Et n'oublions pas que le siècle dernier a apporté une telle abondance de nouvelles découvertes, une si grande accélération du progrès scientifique, que nous avons toute raison d'envisager l'avenir de la science avec confiance.

Aux autres critiques, il nous faut donner raison dans une certaine mesure. C'est ainsi que le chemin de la science est en effet lent, tâtonnant, pénible. On ne peut ni le nier ni le changer. Il n'est pas étonnant que ces messieurs de l'autre bord soient mécontents; ils ont été gâtés, avec la Révélation, les choses étaient plus faciles pour eux. Le progrès, dans le travail scientifique, s'accomplit de façon tout à fait similaire à celui de l'analyse. On apporte avec soi des attentes dans le travail, mais il faut les repousser. On apprend par l'observation, par-ci, par-là, quelque chose de nouveau, les morceaux ne s'adaptent d'abord pas l'un à l'autre. On établit des hypothèses, on fait des constructions auxiliaires qu'on retire si elles ne se confirment pas, on a besoin de beaucoup de patience, de disponibilité pour tous les

---

[a]. Freud avait 76 ans quand il écrivit ces lignes.

possibles, on renonce à des convictions premières, pour ne pas négliger, sous leur contrainte, des facteurs nouveaux, inattendus, et à la fin tous les efforts dépensés trouvent leur récompense, les découvertes éparses se raccordent ensemble, on acquiert un aperçu de toute une partie de ce qui se passe dans le psychisme, on est venu à bout de sa tâche et on est libre désormais pour la suivante. L'analyse doit seulement se passer de l'aide que l'expérimentation apporte à la recherche.

Dans cette critique de la science il y a aussi une bonne part d'exagération. Il n'est pas vrai qu'elle titube aveuglément d'une expérience à l'autre, qu'elle troque une erreur contre une autre. En règle générale, elle travaille comme l'artiste sur son modèle de glaise, quand, sur l'ébauche brute, inlassablement, il change, applique et enlève jusqu'à ce qu'il ait atteint un degré satisfaisant pour lui de ressemblance avec l'objet vu ou imaginé. Il y a aussi, du moins dans les sciences les plus anciennes et les plus mûres, aujourd'hui déjà un fondement solide qu'on modifie et qu'on aménage seulement, mais qu'on ne démolit plus. Les choses ne vont pas si mal dans l'entreprise scientifique.

Et finalement, quel est le but de ces dénigrements passionnés de la science? Malgré son imperfection actuelle et les difficultés qui lui sont inhérentes, elle reste indispensable pour nous et ne peut être remplacée par rien d'autre. Elle est capable de perfectionnements insoupçonnés, la *Weltanschauung* religieuse ne l'est pas. Celle-ci est achevée dans toutes ses parties essentielles; si elle a été une erreur, elle devra le rester pour toujours. Aucune dépréciation de la science ne pourra rien changer au fait qu'elle essaie de tenir compte de notre dépendance du monde extérieur réel, alors que la religion est illusion et tire sa force de sa complaisance envers nos motions de désirs pulsionnelles.

Je suis dans l'obligation d'évoquer encore d'autres *Weltanschauungen* qui se trouvent en opposition avec la *Weltanschauung* scientifique, mais je le fais à contre-cœur, car je sais qu'il me manque la véritable compétence pour les juger. Accueillez donc les remarques qui suivent en gardant à l'esprit cet aveu, et si votre intérêt a été éveillé, cherchez un meilleur enseignement d'un autre côté.

En premier lieu, il faudrait citer ici les différents systèmes philosophiques qui se sont risqués à dessiner l'image du monde telle qu'elle se reflétait dans l'esprit du penseur qui s'était, la plupart du temps, détourné du monde. Mais j'ai déjà essayé de donner une caractéristique générale de la philosophie et de ses méthodes, et il y a sans doute rarement eu quelqu'un d'aussi inapte que moi à apprécier les différents systèmes. Tournez-vous donc avec moi vers deux autres manifestations qu'on ne peut éluder, précisément à notre époque.

L'une de ces *Weltanschauungen* est, en quelque sorte, une contrepartie de l'anarchisme politique, peut-être une de ses émanations. Il y a assurément déjà eu, auparavant, de tels nihilistes intellectuels, mais actuellement, la théorie de la relativité de la physique moderne semble leur être montée à la tête. Ils partent, il est vrai, de la science, mais ils s'entendent à la pousser jusqu'à l'abolition d'elle-même, au suicide, ils lui imposent la tâche de s'ôter elle-même du chemin, par la réfutation de ses propres exigences. On a souvent l'impression là-devant que ce nihilisme n'est qu'une position temporaire, qui est maintenue jusqu'à l'accomplissement de cette tâche. Une fois qu'on aura éliminé la science, un mysticisme quelconque, ou même à nouveau l'ancienne *Weltanschauung* religieuse, pourra s'étaler dans l'espace ainsi libéré. Selon la doctrine anarchiste, il n'y a absolument aucune vérité, aucune connaissance assurée du monde extérieur. Ce que nous faisons passer pour une vérité scientifique n'est, en effet, que le produit de nos propres besoins, tels qu'ils doivent se manifester dans des conditions extérieures changeantes, donc à nouveau une illusion. Au fond, nous ne trouvons que ce dont nous avons besoin, nous ne voyons que ce que nous voulons voir. Nous ne pouvons faire autrement. Étant donné que le critère de la vérité, la concordance avec le monde extérieur, a disparu, il est tout à fait indifférent de savoir quelles opinions nous soutenons. Toutes sont également vraies et également fausses. Et personne n'a le droit d'accuser l'autre d'erreur.

Pour un esprit orienté vers la théorie de la connaissance, il pourrait être attirant de rechercher par quelles voies, par quels sophismes les anarchistes arrivent à tirer de tels résultats finaux de la science. On devrait tomber ici sur des situations similaires à celles qui dérivent de l'exemple bien connu : « Un Crétois dit : tous les Crétois sont des menteurs », etc. Mais l'envie et la capacité me manquent d'entrer plus avant dans cette discussion. Je dirai seulement que la doctrine anarchiste semble formidablement supérieure aussi longtemps qu'elle se réfère à des opinions concernant des choses abstraites; elle échoue dès le premier pas dans la vie pratique. Or les actions des hommes sont guidées par leurs opinions, leurs connaissances, et c'est le même esprit scientifique qui spécule sur la structure des atomes ou sur l'origine de l'homme et qui ébauche la construction d'un pont capable de porter des charges. Si ce que nous pensons était réellement indifférent, s'il n'y avait pas de connaissances qui se distinguent, parmi nos opinions, par leur concordance avec la réalité, nous pourrions bâtir des ponts aussi bien en carton qu'en pierre, injecter à un malade un décigramme de morphine au lieu d'un centigramme, prendre du gaz lacrymogène pour l'anesthésie à la place d'éther. Mais les intellectuels anarchistes refuseraient énergiquement, eux aussi, de telles applications pratiques de leur théorie.

L'autre opposition doit être prise bien plus au sérieux, et c'est dans ce cas-ci que je regrette le plus vivement l'insuffisance de mon information. Je suppose que vous en savez plus long que moi-même sur ce sujet et que vous avez pris parti depuis longtemps pour ou contre le marxisme. Les recherches de K. Marx sur la structure économique de la société et sur l'influence des différentes formes d'économie sur tous les domaines de la vie humaine ont acquis à notre époque une autorité incontestable. Je ne peux naturellement savoir dans quelle mesure, dans le détail, elles touchent juste ou se trompent. J'entends dire que pour d'autres, mieux informés, ce n'est pas non plus chose facile. Dans la théorie marxiste, il y a des thèses qui m'ont déconcerté, comme celle qui veut que le développement des formes de société soit un processus de science naturelle, ou que les changements dans la stratification sociale procèdent l'un de l'autre par la voie d'un mouvement dialectique. Je ne suis pas sûr du tout de comprendre correctement ces affirmations, elles ne sonnent d'ailleurs pas à mes oreilles comme « matérialistes » mais plutôt comme une expression de cette obscure philosophie hégélienne, école par laquelle Marx a aussi passé. Je ne sais pas comment me libérer de mon opinion de profane, habituée à ramener la formation des classes dans la société aux luttes qui se sont déroulées depuis le début de l'histoire entre des hordes humaines peu différentes les unes des autres. Les différences sociales, pensais-je, étaient initialement des différences de tribus ou de races. Des facteurs psychologiques, comme le degré de plaisir d'agression constitutionnel, mais aussi la solidité de l'organisation à l'intérieur de la horde, et des facteurs matériels comme la possession des meilleures armes décidaient de la victoire. Dans la coexistence sur le même territoire, les vainqueurs devenaient les seigneurs, les vaincus les esclaves. Il n'y a pas là de loi de la nature ou de métamorphose du concept à découvrir; en revanche, on ne saurait méconnaître l'influence qu'exerce la maîtrise progressive des forces de la nature sur les relations sociales des hommes, du fait qu'ils mettent toujours les moyens de puissance nouvellement acquis également au service de leur agressivité et qu'ils les utilisent les uns contre les autres. L'introduction du métal, du bronze, du fer, a mis un terme à des époques entières de la civilisation et à leurs institutions sociales. Je crois réellement que la poudre, l'arme à feu ont aboli la chevalerie et la domination de la noblesse et que le despotisme russe était déjà condamné avant que la guerre ne fût perdue, étant donné qu'aucune consanguinité à l'intérieur des familles régnant sur l'Europe n'aurait pu engendrer une race de tsars capable de résister à la force explosive de la dynamite.

Peut-être même ne faisons-nous que payer, par la crise économique actuelle qui succède à la guerre mondiale, le prix de notre dernière, formidable victoire sur la nature, la conquête de l'espace aérien. Cela ne semble pas très évident mais au moins les premiers chaînons de l'ensemble sont clairement reconnaissables. La politique de l'Angleterre était fondée sur la sécurité que lui garantissait la mer qui baigne ses côtes. À partir du moment où Blériot eut survolé la Manche en aéroplane, cet isolement protecteur se trouva brisé et la nuit où, en temps de paix et à des fins d'entraînement, un zeppelin allemand tourna au-dessus de Londres, la guerre contre l'Allemagne fut sans doute chose décidée [1]. Dans cet ordre d'idées, on ne doit pas oublier non plus la menace du sous-marin.

J'ai presque honte de traiter devant vous un thème d'une telle importance et d'une telle complication en quelques remarques insuffisantes; je sais aussi que je ne vous ai rien dit qui soit nouveau pour vous. Ce qui m'importe seulement, c'est d'attirer votre attention sur le fait que le rapport de l'homme à la maîtrise de la nature, à qui il emprunte ses armes pour se battre contre ses semblables, doit nécessairement avoir aussi une influence sur ses institutions économiques. Nous nous sommes apparemment beaucoup éloignés des problèmes de la *Weltanschauung* mais nous les retrouverons bientôt. La force du marxisme ne réside manifestement pas dans sa conception de l'histoire et dans la prédiction de l'avenir qui se fonde là-dessus mais dans la démonstration perspicace de l'influence contraignante que les rapports économiques des hommes exercent sur leurs positions intellectuelles, éthiques et artistiques. Ainsi fut découverte une série de rapports et de dépendances qui, jusqu'alors, avaient été presque entièrement méconnus. Mais on ne peut supposer que les motifs économiques soient les seuls qui déterminent le comportement des hommes dans la société. Le fait indubitable que des personnes, des races,

---

1. Information qui m'a été donnée de source sûre la première année de la guerre.

des peuples différents se comportent de façon différente dans les mêmes conditions économiques exclut déjà la seule et unique domination des facteurs économiques. On ne comprend absolument pas comment on peut négliger des facteurs psychologiques là où il s'agit des réactions de créatures humaines vivantes ; car sans compter que ces dernières ont déjà participé à l'instauration des conditions économiques, les hommes ne peuvent faire autrement, même sous la domination de ces conditions, qu'apporter dans le jeu leurs motions pulsionnelles originaires, leur pulsion d'autoconservation, leur envie d'agression, leur besoin d'amour, leur aspiration à l'acquisition du plaisir et à l'évitement du déplaisir. Dans une étude antérieure [a] nous avons aussi mis en valeur l'importante revendication du surmoi qui représente [*vertritt*] la tradition et les formations d'idéal du passé et qui opposera, pendant un temps, une résistance aux impulsions issues d'une nouvelle situation économique. Enfin, il ne nous faut pas oublier que la masse humaine, qui est soumise aux nécessités économiques, subit également le processus du développement de la culture – de la civilisation, disent d'autres – qui est assurément influencé par tous les autres facteurs mais qui est certainement, à son origine, indépendant d'eux, comparable à un processus organique, et tout à fait en mesure d'agir, de son côté, sur les autres facteurs. Il déplace les buts pulsionnels et fait que les hommes répugnent à ce qui leur était jusqu'alors supportable ; il semble aussi que le renforcement progressif de l'esprit scientifique en soit une partie essentielle. Si quelqu'un était en mesure de montrer dans le détail comment ces différents facteurs, la

---

a. Cf. *supra*, Conférence XXXI.

disposition pulsionnelle des hommes en général, ses variations raciales et ses transformations culturelles se comportent, s'inhibent et se favorisent mutuellement dans les conditions de la hiérarchie sociale, de l'activité professionnelle et des possibilités de gain, si quelqu'un pouvait réaliser cela, il aurait donné le complément marxiste à une véritable science de la société. Car même la sociologie, qui traite du comportement des hommes en société, ne peut être rien d'autre que de la psychologie appliquée. À strictement parler, il n'y a en effet que deux sciences, la psychologie, pure et appliquée, et la science de la nature.

De la découverte toute neuve de l'importance des conditions économiques est née la tentation de n'en pas abandonner la transformation au développement historique, mais de l'imposer soi-même par une intervention révolutionnaire. Par sa réalisation dans le bolchevisme russe, le marxisme théorique a maintenant gagné l'énergie, la cohérence et le caractère exclusif d'une *Weltanschauung,* mais en même temps aussi une ressemblance inquiétante avec ce qu'il combat. Initialement conçu lui-même comme une part de science, s'édifiant pour sa réalisation sur la science et la technique, il a cependant édicté un interdit de penser aussi inexorable que le fut en son temps celui de la religion. Un examen critique de la théorie marxiste est interdit, des doutes quant à son exactitude sont punis de la même manière que l'Église catholique punissait jadis l'hérésie. Les œuvres de Marx ont pris la place de la Bible et du Coran comme source de révélation, bien qu'elles ne soient sans doute pas plus dépourvues de contradictions et d'obscurités que ces livres sacrés plus anciens.

Et bien que le marxisme pratique ait impitoyablement

fait table rase de tous les systèmes et illusions idéalistes, il a développé lui-même des illusions qui ne sont pas moins douteuses et invérifiables que les anciennes. Il espère changer, en quelques générations, la nature humaine de telle sorte qu'il en résulte une coexistence presque sans friction des hommes dans la nouvelle organisation sociale et que ceux-ci assument sans contrainte les tâches du travail. En attendant, il situe les restrictions pulsionnelles, indispensables dans la société, à d'autres endroits et dévie vers l'extérieur les penchants agressifs qui menacent toute communauté humaine ; il s'appuie[a] sur l'hostilité des pauvres envers les riches, de ceux qui étaient impuissants jusqu'alors envers les anciens maîtres. Mais une telle métamorphose de la nature humaine est très invraisemblable. L'enthousiasme avec lequel la foule suit actuellement l'impulsion bolchevique, aussi longtemps que le nouvel ordre est inachevé et menacé de l'extérieur, ne confère aucune certitude pour un avenir où il serait édifié et à l'abri du danger. Exactement comme la religion, le bolchevisme doit dédommager ses croyants des souffrances et des privations de la vie actuelle par la promesse d'un au-delà meilleur, où il n'y aura plus de besoin insatisfait. Ce paradis doit, certes, être d'ici-bas, instauré sur terre et inauguré dans un avenir prévisible. Mais rappelons-nous que les juifs aussi, dont la religion ignore tout d'une vie future, ont attendu la venue du Messie sur terre et que le Moyen Âge chrétien a cru à plusieurs reprises que le royaume de Dieu n'était pas loin.

La réponse du bolchevisme à ces objections ne fait

---

a. Le texte allemand porte *stürzt sich* (se précipite), ce qui est probablement une coquille. Nous traduisons *stützt sich* (s'appuie).

aucun doute. Il dira : aussi longtemps que les hommes ne seront pas transformés dans leur nature, il faudra se servir des moyens qui agissent aujourd'hui sur eux. On ne peut se passer de la contrainte dans leur éducation, de l'interdit de penser, de l'usage de la force jusqu'à l'effusion de sang, et si on n'éveillait pas en eux ces illusions, on n'obtiendrait pas qu'ils se soumettent à cette contrainte. Et il pourrait demander poliment de dire comment il serait possible de procéder différemment. Du coup nous serions battus. Je ne saurais donner aucun conseil. J'avouerais que les conditions de cette expérience m'auraient retenu, moi et mes semblables, de l'entreprendre, mais que nous ne sommes pas les seuls dont cela dépend. Il y a aussi des hommes d'action inébranlables dans leurs convictions, inaccessibles au doute, insensibles à la souffrance des autres quand ils font obstacle à leurs intentions. C'est à des hommes de ce genre que nous devons que la formidable tentative d'instauration d'un tel ordre nouveau soit maintenant réellement mise à exécution en Russie. À une époque où de grandes nations proclament qu'elles n'attendent leur salut que de l'attachement à la piété chrétienne, le bouleversement qui a lieu en Russie — malgré tous ses traits peu réjouissants — nous paraît quand même comme le message d'un avenir meilleur. Malheureusement il ne résulte ni de nos doutes ni de la croyance fanatique des autres, une quelconque indication sur l'issue de la tentative. L'avenir nous l'apprendra, peut-être montrera-t-il que la tentative a été entreprise prématurément, qu'un changement radical de l'ordre social a peu de chance de succès tant que de nouvelles découvertes n'auront pas accru notre maîtrise des forces de la nature et facilité ainsi la satisfaction de nos besoins. Ce n'est qu'alors qu'il pourra être possible qu'une nouvelle organisation de la société bannisse la misère matérielle des masses mais aussi exauce les exigences culturelles de l'individu. Mais il est certain que, même alors, nous aurons encore à lutter pendant un temps incalculable avec les difficultés que le caractère indomptable de l'homme oppose à toute espèce de communauté sociale.

Mesdames, Messieurs, laissez-moi résumer, en conclusion, ce que j'avais à dire sur la relation de la psychanalyse à la question de la *Weltanschauung*. La psychanalyse est, à mon sens, incapable de créer une *Weltanschauung* qui lui soit particulière. Elle n'en a pas besoin, elle est une partie de la science et peut se rattacher à la *Weltanschauung* scientifique. Mais celle-ci ne mérite guère ce nom pompeux, car elle ne prend pas tout en considération, elle est trop incomplète, elle ne prétend pas constituer un ensemble cohérent et systématique. La pensée scientifique est encore très jeune parmi les hommes, il y a encore trop de grands problèmes qu'elle n'a pas pu maîtriser. Une *Weltanschauung* édifiée sur la science a − excepté l'accent mis sur le monde extérieur réel − essentiellement des traits négatifs comme la soumission à la vérité, le refus des illusions. Celui qui, parmi nos semblables, est insatisfait de cet état de choses, celui qui demande plus pour son apaisement immédiat, n'a qu'à se le procurer là où il le trouve. Nous ne lui en tiendrons pas rigueur, nous ne pouvons pas l'aider, mais nous ne pouvons pas non plus, à cause de lui, penser différemment.

Bibliographie

Les chiffres entre parenthèses placés après les titres originaux renvoient aux pages du présent livre.

Les noms des périodiques ont été abrégés en conformité avec la *World List of Scientific Periodicals*.

G.W. = *Gesammelte Werke von Sigmund Freud*, S. Fischer Verlag, Francfort-sur-le-Main, 18 volumes.

ABRAHAM, K. (1922) « Die Spinne als Traumsymbol », *Int. Z. Psychoan.*, 8, 470. (36)
Trad. : « L'araignée, symbole onirique », trad. I. Barande, *Œuvres compl.*, tome II, Paris, Payot, 1966.
(1924) *Versuch einer Entwicklungsgeschichte der Libido*, Leipzig, Vienne, Zurich. (134)
Trad. : « Esquisse d'une histoire du développement de la libido », trad. I. Barande, *Œuvres compl.*, tome II, Paris, Payot, 1966.

AICHHORN, A. (1925) *Verwahrloste Jugend*, Vienne. (94)
Trad. : *Jeunesse à l'abandon*, sans nom de traducteur, Toulouse, Privat, 1973.

ALEXANDER, F. (1925) « Über Traumpaare und Traumreihen » (« Rêves par paires et par séries »), *Int. Z. Psychoan.*, 11, 80. (40)

ANDREAS-SALOMÉ, L. (1916) « " Anal " und " Sexuel " », *Imago*, 4, 249. (137)
Trad. : « " Anal " et " Sexuel " », trad. I. Hildenbrand, *L'amour du narcissisme*, Paris, Gallimard, 1980.

BETLHEIM, S. et HARTMANN, H. (1924) « Über Fehlreaktionen

des Gedächtnisses bei Korsakoffschen Psychosen » (« Sur des réactions fautives de la mémoire dans les psychoses de Korsakoff »), *Arch. Psychiatr. Nervenkr.*, 72, 278. (34)

BRUNSWICK, R. MACK (1928) « Die Analyse eines Eifersuchtswahnes » (« L'analyse d'un délire de jalousie »)*. Int. Z. Psychoan.*, 14, 458. (175)

BURLINGHAM, D. (1932) « Kinderanalyse und Mutter » (« L'analyse d'enfant et la mère »), *Psychoanal. Päd.*, 6, 269. (78)

DEUTSCH, H. (1926) « Okkulte Vorgänge während der Psychoanalyse » (« Processus occultes au cours de la psychanalyse »), *Imago*, 12, 418. (76)
(1932) « Über die weibliche Homosexualität », *Int. Z. Psychoan.*, 18, 219. (175)
Trad. : « L'homosexualité chez les femmes », trad. G. Rintzler, *Psychanalyse des névroses et autres essais,* Paris, Payot, 1970.

EISLER, M. J. (1919) « Beiträge zur Traumdeutung » (« Contributions à l'interprétation du rêve », *Int. Z. (ärztl.) Psychoanal.*, 5, 295. (37)

EISLER, R. (1910) *Weltmantel und Himmelszelt* (Manteau cosmique et tente céleste), 2 vol., Munich. (36)

FERENCZI, S. (1921) « Die Symbolik der Brücke », *Int. Z. Psychoan.*, 7, 211. (36)
Trad. : « La symbolique du pont », trad. J. Dupont et M. Viliker, *Œuvres compl.*, tome III, Paris, Payot, 1974.
(1922) « Die Brückensymbolik und die Don Juan-Legende », *Int. Z. Psychoan.*, 8, 77. (36)
Trad. : « La symbolique du pont et la légende de don Juan », trad. J. Dupont et M. Viliker, *Œuvres compl.*, tome III, Paris, Payot, 1974.
(1925) « Zur Psychoanalyse der Sexualgewohnheiten », *Int. Z. Psychoan.*, 11, 6. (119)
Trad. : « Psychanalyse des habitudes sexuelles », trad. J. Dupont et M. Viliker, *Œuvres compl.*, tome III, Paris, Payot, 1974.

FREUD, S. (1900*a*) « Die Traumdeutung », *G.W.*, II-III. (15)
Trad. : *L'interprétation des rêves,* trad. I. Meyerson, révisée par D. Berger, Paris, Presses universitaires de France, 1967.
(1912-1913) « Totem und Tabu », *G.W.*, IX. (222)

Trad. : *Totem et Tabou,* trad. S. Jankélévitch, Paris, Payot, 1973.
(1914c) « Zur Einführung des Narzissmus », *G.W.*, X, 138. (138)
Trad. : « Pour introduire le narcissisme », trad. J. Laplanche, *La vie sexuelle,* Paris, Presses universitaires de France, 1969.
(1914d) Zur Geschichte der psychoanalytischen Bewegung », *G.W.*, X, 44. (184, 188)
Trad. : « Contribution à l'histoire du mouvement psychanalytique », trad. S. Jankélévitch, *Cinq leçons sur la psychanalyse,* Paris, Payot, 1973.
(1916-1917) « Vorlesungen zur Einführung in die Psychoanalyse », *G.W.*, XI. (25, 27, 40, 41, 89, 99, 135, 154n., 169, 190, 196, 200, 202, 239)
Trad. : *Conférences d'introduction à la psychanalyse,* trad. R.-M. Zeitlin, Paris, Payot, 1984.
(1921c) « Massenpsychologie und Ich-Analyse », G.W., XIII, 73. (94)
Trad. : « Psychologie des foules et analyse du moi », trad. P. Cotet *et alii, Essais de psychanalyse,* Paris, Payot, 1981.
(1922a) « Traum und Telepathie » (« Rêve et télépathie »), *G.W.*, XIII, 165. (53)
(1924d) « Der Untergang des Ödipuskomplexes », *G.W.*, XIII, 371. (125)
Trad. : « La disparition du complexe d'Œdipe », trad. D. Berger, *La vie sexuelle,* Paris, Presses universitaires de France, 1969.
(1932a) « Zur Gewinnung des Feuers », *G.W.*, XVI, 3. (138)
Trad. : « La conquête du feu », trad. J. Sédat et J. Laplanche, *Psychanalyse à l'université* 4, 1976.

GRODDECK, G. (1923) *Das Buch vom Es,* Vienne. (100)
Trad. : *Le livre du ça,* trad. L. Jumel, Paris, Gallimard, 1973.

HARTMANN, H. et BETLHEIM, S. *voir* BETLHEIM, S. et HARTMANN, H.

JONES, E. (1931) *On the Nightmare,* Londres et New York. (71)
Trad. : *Le cauchemar,* trad. A. Stronck-Robert, Paris, Payot, 1973.
(1957) *Sigmund Freud, Life and Work,* tome III : *The Last*

Years (1919-1939), Londres et New York, The Hogarth Press. (186)
Trad. : La vie et l'œuvre de Sigmund Freud, tome III : *Les dernières années (1919-1939),* trad. L. Flournoy, Paris, Presses universitaires de France, 1969.

LAMPL-DE GROOT, J. (1927) « Zur Entwicklungsgeschichte des Œdipuskomplexes der Frau » (« Sur l'évolution du complexe d'Œdipe de la femme »), *Int. Z. Psychoan.,* 13, 269. (175)

RANK, O. (1924) *Das Trauma der Geburt,* Vienne. (120)
Trad. : Le traumatisme de la naissance, trad. S. Jankélévitch, Paris, Payot, 1968.

SCHRÖTTER, K. (1912) « Experimentelle Traüme » (« Rêves expérimentaux »), *Zbl. Psychoan.,* 2, 638. (34)

SILBERER, H. (1909) « Bericht über eine Methode, gewisse symbolische Halluzinations-Erscheinungen hervorzurufen und zu beobachten » (« Compte rendu sur une méthode permettant de susciter et d'observer certains phénomènes hallucinatoires symboliques »), *Jb. psychopath. Forsch.,* 1, 513. (35)
(1912) « Symbolik des Erwachens und Schwellensymbolik überhaupt » (« Symbolique de l'éveil et symbolique du seuil en général »), *Jb. psychoan. Forsch.,* 3, 621. (35)

Index

Abandon affectif *(Verwahrlosung)* : 94, 148, 201.
Abraham, K. (voir aussi Bibliographie) : 36, 74, 134, 135.
Absurde, séduction de l' : 48.
Accomplissement de désir dans le rêve : 33, 40, 41, 43.
Actes manqués : 98.
Adler, A. : 91n., 188, 191.
Affect
  dans les rêves : 32.
  quantum d' : 31, 114.
Affectivité : 28.
Agoraphobie : 115.
Agression, agressivité (voir aussi Pulsions) : 141, 147, 149.
  chez la femme : 154-160.
  chez l'homme : 154-155, 174.
Aichhorn, A. (voir aussi Bibliographie) : 94.
Alexandre le Grand : 138.
Allaitement : 136, 154, 163.
Ambition
  chez la femme : 179.
  et érotisme urétral : 138.
Ambivalence : 134, 161, 166, 178.
Amérique : 191.
Amnésie infantile : 42.
Amour maternel : 93.
Anal, e
  caractère : 138.
  érotisme : 135.

    naissance : 38.
    phase : 133.
Anarchisme : 234.
Andreas-Salomé, Lou (voir aussi Bibliographie) : 137.
Angleterre : 237.
Angoisse : 87-128.
    devant le surmoi : 120, 121.
    développement de l' : 26, 43, 112.
    et danger : 118.
    et perte d'amour : 119.
    et refoulement : 118, 121.
    et traumatisme de la naissance : 119, 192.
    morale : 121.
    névrose d' : 113.
    névrotique : 108, 112, 116, 126.
    préparation d' : 112.
    réelle : 108.
    théorie de l'origine libidinale de l' : 124.
Animal
    comme divinité : 221, 222.
    instinct de l' : 143.
Animisme : 164, 219, 220, 221.
Anus et bouche primitive : 135.
Archimède : 232.
Ariane, mythe du fil d' : 38.
Aristarque de Samos : 232.
Aristote : 25.
Association, chaîne associative : 18, 20-22, 70, 72, 74.
Astrologie : 63.
Auto-analyse : 97.
Autoconservation : 116, 129.
Autodestruction, pulsion d' : 127.
Autorité parentale : 87.

Babyloniens : 232.
Bédouins, rituel nuptial des : 36.
Bénéfice secondaire de la maladie : 190.
Bennett, A. : 69.
Besoin de punition : 146.
Bible : 240.

Index

Bisexualité : 153, 155, 176.
Blériot, L. : 238.
Bolchevisme (voir aussi Marxisme) : 240-241.
Brandes, G. : 186.
Bullitt, W. C. : 101.
Buts passifs : 155.

Ça
    caractères du : 100.
    ignore la contradiction : 102.
    ses relations avec le moi : 102.
    ses relations avec le surmoi : 107.
Caractère
    formation du : 90, 123, 137.
    troubles du : 209.
Cas cités
    l'enfant et la pièce d'or : 79.
    l'étudiant et la voyante : 61-63.
    la femme sans enfant et le professeur : 58-60.
    le graphologue et le jeune homme : 63-66.
    Monsieur P. et le Dr Forsyth : 67-76.
    la souffrance physique remplaçant la névrose : 146-147.
Castration (voir aussi Pénis)
    angoisse de : 118, 119, 167, 173.
    complexe de : 167.
Cauchemar : 70, 73.
Censure du rêve : 24, 26, 28, 30, 42.
Charlatans : 51.
Choix d'objet
    chez l'enfant : 89.
    chez la femme : 178.
    distinct de l'identification : 89.
Civilisation, culture
    contribution des femmes à la : 177.
    processus de : 239.
Clitoris : 158, 159, 169.
Communisme (voir Bolchevisme).
Compromis
    névrose comme : 25.
    rêve comme : 24, 29.

Compulsion de répétition : 63, 143.
Condensation
   caractéristique du ça dans le rêve : 31.
   dans le rêve : 20.
Confusion de Korsakoff : 34.
Conscience (voir aussi Surmoi) : 84-86.
Conscient, le : 24.
Contenu du rêve : 15-27.
Contradiction, inconnue du ça : 102.
Contre-investissement : 123.
Copernic, N. : 232.
Coran : 240.
Cosmogonie : 217.
Culpabilité, sentiment de : 92, 108, 148.
Curie, P. : 232.

Darwin, Ch. : 232.
Décharge : 127.
Délinquance : 94n., 201, 202.
Délire d'observation : 83, 84.
Démons : 220.
Déplacement
   caractéristique du ça : 104.
   dans le mot d'esprit : 31.
   dans le rêve : 31-32.
Déplaisir : 42, 122.
Désirs
   inconscients : 55.
   masochistes : 146.
   secrets : 61.
Dieu, croyance en : 218.
Diseurs de bonne aventure : 57-61.

Einstein, A. : 194.
Eisler, M. J. (voir aussi Bibliographie) : 37.
Eisler, R. (voir aussi Bibliographie) : 36.
Eitingon, M. : 204.
Empoisonnement, peur de l' : 164.
Énergie
   des pulsions : 130.

Index

psychique : 29, 139.
quantum d' : 106, 122, 130.
Enfant, s
    éducation des : 93.
    et agressivité : 166.
    leur impuissance à s'aider *(Hilflosigkeit)* : 120, 224.
    névroses d' : 197-198.
    – poupée : 172.
    psychanalyse des : 196-202.
    venue d'un : 164.
Éros (voir aussi Pulsions sexuelles) : 139, 141, 145.
Érostrate : 138.
Examen scientifique : 50.
Excitation, somme d' : 127.
Expériences infantiles : 43, 44.

Famille primitive : 119.
Fantasme : 42, 61, 136.
    de séduction : 161-162.
Faust (de *Goethe*) : 148.
Féminité : 89, 150-181,
    accomplie : 172, 175.
    et dressage social : 177.
Femme, s (voir aussi Fille)
    analystes : 156, 158.
    complexe de masculinité des : 169.
    envie dans la vie psychique des : 168.
    envie du pénis chez les : 167-168.
    et masochisme : 155.
    et narcissisme : 177.
    leur relation avec la mère : 178-179.
    leur relation avec le père : 160.
    rigidité psychique des : 180.
    sublimation chez les : 180.
Ferenczi, S. (voir aussi Bibliographie) : 36, 119, 205n.
Feu et miction : 138.
Fille, fillette, jeune fille (voir aussi Femme)
    agressivité de la : 157-158.
    complexe de castration de la : 167-174.
    complexe d'Œdipe de la : 159, 172, 178.

envie du pénis chez la : 167-168.
phase préœdipienne chez la : 160, 162.
sa relation avec la mère : 160, 162.
sa relation avec le père : 160, 163, 171.
Fixation : 160, 173, 175.
Formations réactionnelles du moi : 138.
Forsyte Saga (de *Galsworthy*) : 69.
Forsyth, D^r : 67-76.
François-Joseph, empereur : 231.
Freiberg (Přibor) : 189n.
Freud, Anna : 196.
Freud-Ottorego : 70.
Freund, Anton von : 70, 73.
Frigidité : 176.
Frustration libidinale des enfants : 164.

Galsworthy, J. : 69.
Génitale, phase : 134.
Goethe : 48.
Graphologie : 64.
Groddeck, G. (voir aussi Bibliographie) : 100.
Guillaume II, empereur : 92n.

Hamlet : 45.
Hegel, G.W.F. : 236.
Heine, H. : 152, 215.
Hermès de Praxitèle : 38.
Homosexualité : 137
    féminine : 174.
Horde (voir aussi Masses) : 237.
Hugo, V. : 208.
Hypothèses sur le noyau de la Terre : 46-47.
Hystérie
    angoisse dans l' : 113.
    traumatique : 42.

Idéal du moi : 91.
Idée subite *(Einfall)* : 19, 70, 73, 75, 95, 137.
Identification : 88, 123, 178, 179.
Imago (revue) : 196.

Inconscient : 27, 29, 55, 60, 99.
Infériorité, sentiment d' : 91, 108, 190.
Instance parentale et surmoi : 89-90.
Institut psychanalytique de Berlin : 204.
Internationale Zeitschrift für Psychoanalyse : 14.
Interprétation du rêve (voir aussi *Freud* dans la Bibliographie)
  et occultisme : 66.
  et télépathie : 55-56.
  son importance en psychanalyse : 14.
  technique de l' : 18-19.
Investissement
  d'essai : 123.
  d'objet : 90, 157.
  pulsionnel et désirs refoulés : 122, 157.

Jalousie : 165-166.
Jones, E. (voir aussi Bibliographie) : 71-74, 186n.
Juifs : 241.
Jung, C. G. : 192.

Kant, E. : 86, 218.
Kepler, J. : 231.

Labyrinthe, légende du : 38.
Latence, période de : 120, 173.
Lavoisier, A.-L. : 231.
Libido (voir aussi Pulsions sexuelles)
  d'objet : 139.
  et fonctions masculines et féminines : 175.
  peur de la : 115.
  quantum de – utilisable : 114.
  théorie de la : 128, 141.
Littérateurs : 15, 185.
Londres : 238.
Lourdes : 204.
Ludwig, E. : 92n.

Magie : 220.
Malades mentaux : 83.
Man of Property (de *Galsworthy*), *The* : 69.

Marxisme (voir aussi Bolchevisme) : 236, 240.
Masculin et féminin : 154.
Masculinité, complexe de : 174, 179.
Masochisme : 140-142.
Masses, psychologie des masses (voir aussi Horde) : 185, 239, 243.
Médiums : 51.
Méduse, tête de : 36.
Mélancolie : 85, 135.
Mère
  et enfant : 165.
  identification avec la : 178-179.
  phallique : 36, 170, 174.
  relation de la fille avec la : 159-160.
  relation du garçon avec la : 166, 179.
  symbole de la : 36.
Moi
  et ça : 104, 107, 126.
  et monde extérieur : 105-106.
  et surmoi : 107-109.
  fort : 122.
  instance d'observation dans le : 83.
  réservoir de la libido : 139.
  siège de l'angoisse : 107, 111.
  tendances synthétiques du : 105.
  tension entre – et surmoi : 86.
Monsieur P. et du Dr Forsyth, cas de : 67-76.
Mort, pulsion de : 144-145.
Mot d'esprit : 33, 48.
Motion
  de désir : 42, 103.
  de jalousie : 72.
  pulsionnelle : 33, 103, 124, 126.
Mystique (voir aussi Occultisme) : 45, 77.
Mythologie : 38, 195.

Naissance, traumatisme de la : 120.
Narcissisme : 138.
Névrose, s
  et besoin de souffrance : 146.

et onanisme : 170.
et religion : 225.
et rêve : 41.
infantile : 197-198.
obsessionnelle : 125, 207.
théorie des : 25.
traumatique : 43.
Névrosés
onanisme des : 170.
traits infantiles des : 121.
Newton, I. : 231.
Nietzsche, F. : 100.
Nihilisme intellectuel : 234-235.
Nourrice : 163.

Objet
genèse de l'investissement d' : 89.
maternel : 117.
sexuel : 89.
Obsession : 25.
Occultisme (voir aussi Mystique)
difficulté de l'étude de l' : 46.
psychanalyse et : 48, 66.
religion et : 49.
rêves et : 45-79.
science et : 47-48.
Œdipe, complexe d' : 89, 117-118, 172.
disparition du : 90, 125.
surmoi comme héritier du : 89-90.
Onanisme
clitoridien : 171.
infantile : 118-119.
Orale, phase : 133.
Ordure, comme cadeau : 136.

Pathologie éclairant le normal : 82.
Pénis (voir aussi Castration)
clitoris comme pénis atrophié : 158.
et excrément : 136.
envie du : 137, 167, 169, 171.

Pensée
   consciente et processus inconscient : 27-28.
   interdit de penser imposé par le bolchevisme : 240.
   interdit de penser imposé par la religion : 228-229.
   latente du rêve : 15-27.
   toute-puissance de la : 220.
   transmission de (voir Télépathie).
Père
   et Dieu : 217-218.
   relation de la fille avec le : 38-39, 162-163.
   relation du garçon avec le : 118-120.
Perversion : 141.
Perte d'amour : 87.
Phallique
   mère : 36, 170, 174.
   phase : 118, 120, 133, 158, 173.
Philosophie : 214-215.
Phobie : 114, 121, 207.
Plaisir d'organe : 133.
Praxitèle : 38.
Préconscient : 28, 99, 100, 122.
Prégénitales, phases – de la libido : 137.
Principe de plaisir, de plaisir-déplaisir : 103-105, 122, 124, 126, 144.
Psychiatrie et psychanalyse : 14.
Psychanalyse
   applications non médicales de la : 195-196.
   critique de la : 183, 194.
   difficulté de comprendre la : 183.
   et guérison : 203-205.
   et occultisme : 62, 77.
   et pédagogie : 196-200.
   et psychothérapie : 205, 210.
   et révolution : 202.
   et science officielle : 184.
   et *Weltanschauung* scientifique : 212.
   prophylactique : 201.
   résistance à la : 183.
   sécession au sein de la : 185-193.
Psychanalystes femmes : 199.

Psychologie (voir aussi Masses)
　des névroses : 81.
　des profondeurs : 98.
　du moi : 95.
　– individuelle *(Adler)* : 91-92, 188, 191
Psychose et psychanalyse : 206-207.
Puberté : 170.
Pulsions
　but des : 131.
　d'agression (voir aussi Agression) : 139-140, 149.
　de mort : 144-145.
　du moi : 81, 130.
　et sexualité : 132.
　inhibées quant au but : 131.
　nature conservatrice des : 144.
　plasticité des : 132.
　satisfaction des : 131.
　sexuelles (voir aussi Éros et Libido) : 30.
　théorie des : 128-129, 139.

Quantum d'affect : 31.
Quantum d'énergie : 106, 122, 130.

Rank, O. (voir aussi Bibliographie) : 120, 192.
Rationalisation : 107, 163.
Réalité, épreuve de la : 48.
Refoulé, inaltérabilité du : 103.
Refoulement
　comme travail du moi : 80.
　et angoisse : 123.
　et ça : 124.
　et rêve : 24.
　son relâchement nocturne : 28.
Régression dans le rêve : 29.
Reik, Th. : 36.
Religion, s
　et *Weltanschauung* scientifique : 225-228.
　primitives : 221.
Résistance
　à la psychanalyse : 22, 95.

à la vie pulsionnelle : 81.
et interprétation du rêve : 22-23.
révélant le refoulement : 29, 95.

Restes
diurnes : 19, 30, 53.
mnésiques : 105.

Rêve, s
caractère hallucinatoire du : 26.
comme accomplissement de désir : 30.
comme langue primitive : 30.
couples de : 40.
d'angoisse : 41.
élaboration secondaire du : 32.
et occultisme : 45-79.
et télépathie : 53-56.
fonction du : 44.
manifeste : 17-18, 55.
monde de : 19.
théorie du : 13-14.
travail du : 15, 17, 27, 30, 53.

Rêves rapportés
le père multiplié : 38-39
le rabot : 35.
le sac de voyage : 34.
le secrétaire grincheux : 35.
les jumeaux : 54-55.

Revendication pulsionnelle : 122.
Russie : 242.

Sadique-anale, phase : 134.
Sadique-orale, phase : 134.
Sadisme : 140-142.
Salzbourg : 9.
Satisfaction pulsionnelle : 29.
Schiller, F. : 191.
Schopenhauer, A. : 145.
Schrötter, D^r : 34.
Scepticisme : 75.
Sein, relation de l'enfant au : 134, 164.
Séries complémentaires : 169.

Sexualité
  féminine : 156-181.
  infantile : 130, 166.
Silberer, H. (voir aussi Bibliographie) : 154n.
Sommeil
  désir de : 30.
  et rêve : 25.
Sous-marin : 238.
Spiritisme : 77.
Stekel, W. : 193n.
Stimuli sensoriels et rêves : 56.
Sublimation : 131, 180.
Superstition : 221.
Surmoi (voir aussi Conscience)
  auto-analyse comme fonction du : 93.
  comme héritier de l'autorité parentale : 93.
  comme héritier du complexe d'Œdipe : 90, 108, 173.
  comme instance spéciale : 41.
  comme véhicule de la tradition : 93-94.
  distinct de la conscience : 84.
  et agression : 147.
  formation du : 88.
  partiellement inconscient : 97.
  sévérité du : 88, 107.
Symbole : 21, 35.
Symboles cités
  araignée : 36.
  escalier : 35.
  fil d'Ariane : 38.
  intestins : 38.
  labyrinthe : 38.
  manteau : 36.
  Méduse, tête de : 36.
  multiplication : 38.
  pont : 36-37.
  sac de voyage : 34.
Symbolique : 34.
Symptôme
  et angoisse : 115.
  et psychanalyse : 148.

et refoulement : 114.
　　formation du : 114-115.
　　hystérique : 161.
　　névrotique : 27.
Syphilophobie : 121.
Système Ics : 100.
Système Pc-Cs : 104.

Télépathie (voir aussi Transmission de pensée) : 52, 78.
Théisme : 76.
Théorie cloacale : 136.
Totémisme : 217, 221.
Tradition, le surmoi comme véhicule de la : 93-94.
Traitement psychanalytique : 57.
Transfert
　　des enfants : 198.
　　névrose de : 207.
　　paternel sur le médecin : 68.
Transmission de pensée (voir aussi Télépathie) : 57, 61, 67, 73-76.
Transposition pulsionnelle : 135.
Traumatisme
　　infantile : 200.
　　psychique : 42.
　　sexuel : 161.
Travail psychanalytique : 56.
Tressage et tissage : 177.
Tsars : 237.

Urétral, érotisme : 138.

Vagin : 158.
Vécu : 26, 127, 137.
Vienne
　　clinique psychiatrique de : 9.
　　université de : 9.
　　visiteurs se rendant à : 72, 74.
Vierge Marie : 204.

Wallenstein (de *Schiller*) : 191.

Weltanschauung
    caractérisation : 211.
    et art : 213.
    et marxisme : 236-238.
    et nihilisme intellectuel : 234-235.
    et philosophie : 213-214.
    et psychanalyse : 212.
    et religion : 214-215.
    scientifique : 212, 214.
Wilson, président W. : 101.

Zeppelin : 238.
Zones érogènes : 133.

Note liminaire — 7

Préface — 9

XXIXe CONFÉRENCE : RÉVISION DE LA THÉORIE DU RÊVE — 13

XXXe CONFÉRENCE : LE RÊVE ET L'OCCULTISME — 45

XXXIe CONFÉRENCE : LA DÉCOMPOSITION DE LA PERSONNALITÉ PSYCHIQUE — 80

XXXIIe CONFÉRENCE : ANGOISSE ET VIE PULSIONNELLE — 111

XXXIIIe CONFÉRENCE : LA FÉMINITÉ — 150

XXXIVe CONFÉRENCE : ÉCLAIRCISSEMENTS, APPLICATIONS, ORIENTATIONS — 182

XXXVe CONFÉRENCE : SUR UNE *WELTANSCHAUUNG* — 211

Bibliographie — 245

Index — 249

ŒUVRES DE SIGMUND FREUD

Dans la même collection

LE DÉLIRE ET LES RÊVES DANS LA *GRADIVA* DE W. JENSEN *précédé de* GRADIVA FANTAISIE POMPÉIENNE *par Wilhelm Jensen,* n° 181.

L'INQUIÉTANTE ÉTRANGETÉ et autres essais, n° 93.

MÉTAPSYCHOLOGIE, n° 30.

NOUVELLES CONFÉRENCES D'INTRODUCTION À LA PSYCHA-NALYSE, n° 126.

SIGMUND FREUD PRÉSENTÉ PAR LUI-MÊME, n° 54.

SUR LE RÊVE, n° 12.

TROIS ESSAIS SUR LA THÉORIE SEXUELLE, n° 6.

LE MOT D'ESPRIT et sa relation à l'inconscient, n° 201.

L'HOMME MOÏSE ET LA RELIGION MONOTHÉISTE, n° 219.

*Impression B.C.I. à Saint-Amand (Cher),
le 23 mai 1995.
Dépôt légal : mai 1995.
1er dépôt légal dans la collection : octobre 1989.
Numéro d'imprimeur : 1/1195.*
ISBN 2-07-032518-0./Imprimé en France.